BEI GRIN MACHT SICH I
WISSEN BEZAHLT

- Wir veröffentlichen Ihre Hausarbeit,
  Bachelor- und Masterarbeit

- Ihr eigenes eBook und Buch -
  weltweit in allen wichtigen Shops

- Verdienen Sie an jedem Verkauf

Jetzt bei www.GRIN.com hochladen und kostenlos publizieren

Bibliografische Information der Deutschen Nationalbibliothek:

Die Deutsche Bibliothek verzeichnet diese Publikation in der Deutschen National-
bibliografie; detaillierte bibliografische Daten sind im Internet über http://dnb.d-
nb.de/ abrufbar.

Impressum:

Copyright © 2016 GRIN Verlag, Open Publishing GmbH
Druck und Bindung: Books on Demand GmbH, Norderstedt Germany
ISBN: 9783668241893

Janine Bader

Implementierung des "transformational leadership" im Führungsalltag

Persönlichkeit, Bildung und Macht als relevante Kontextfaktoren im Wirtschaftsraum Vorarlberg

GRIN Verlag

GRIN - Your knowledge has value

Der GRIN Verlag publiziert seit 1998 wissenschaftliche Arbeiten von Studenten, Hochschullehrern und anderen Akademikern als eBook und gedrucktes Buch. Die Verlagswebsite www.grin.com ist die ideale Plattform zur Veröffentlichung von Hausarbeiten, Abschlussarbeiten, wissenschaftlichen Aufsätzen, Dissertationen und Fachbüchern.

Besuchen Sie uns im Internet:

http://www.grin.com/

http://www.facebook.com/grincom

http://www.twitter.com/grin_com

IMPLEMENTIERUNG DES „TRANSFORAMATIONAL LEADERSHIP" IM FÜHRUNGSALLTAG

PERSÖNLICHKEIT, BILDUNG UND MACHT ALS RELEVANTE KONTEXTFAKTOREN IM WIRTSCHAFTSRAUM VORARLBERG

Master Thesis

zur Erlangung des akademischen Grades

Master of Arts

im Universitätslehrgang

Wirtschafts- und Organisationspsychologie

eingereicht von

Janine Christina Bader

am Zentrum für Management im Gesundheitswesen

an der Donau-Universität Krems

Gaissau, 08.01.16

DANKSAGUNG

An dieser Stelle möchte ich mich ganz herzlich bei allen Personen, die mich während meiner Studien- und „Schreibzeit" begleitet und unterstützt haben, bedanken.

Ein ganz besonderer Dank gilt:

Dr. Alois Farthofer

Für seine Hilfsbereitschaft, sein offenes Ohr, seine wertvollen Feedbacks und Unterlagen sowie seine tolle Unterstützung bei dieser Masterthesis!

Miri & Silke

Für die tolle Freundschaft und die seelische Unterstützung - einfach dafür, dass es euch gibt! Euch als Freunde zu haben macht mich zum glücklichsten Menschen!

Papa, Mama, Bruderherz und Schwesterherz

Was wäre ich ohne meine Familie?! Danke dass ihr immer an mich glaubt, mich unterstützt, mir euer Ohr leiht oder einfach nur da seid!

---

mir selbst

Information zum geschlechtersensiblen Sprachgebrauch in der vorliegenden Arbeit

Die Verschriftlichung dieser Masterthesis erfolgte, wenn möglich unter Verwendung geschlechtsneutraler Formulierungen. War dies inhaltlich nicht durchführbar, kamen in der Mehrzahl Formulierungen mit Binnen-I zur Anwendung. In der Einzahl wurden die Begriffe stellvertretend für alle angesprochenen Personen in männlicher Ausführung dargestellt.

ABSTRACT

Transformationale Führung gilt in der aktuellen Führungsforschung als eines der erfolgreichsten Modelle hinsichtlich Führungserfolg. Dieser wird eine inspirierende und emotional aktivierende Wirkung auf Führungsverhalten nachgewiesen und findet gerade in organisationalen Umbruchphasen eine hohe Wertschätzung. In der vorliegenden quantitativen Analyse (N= 86) wurde dem Zusammenhang der Kontextfaktoren der Persönlichkeit, Weiterbildung sowie Macht mit transformationales Führungsverhalten nachgegangen. Dabei wurde untersucht, welche dieser Einflussfaktoren von Führungskräften benötigt werden, damit diese ihr Führungsverhalten hinzu transformational verändern können. Es zeigte sich, dass Extraversion einen positiven Zusammenhang sowie Neurotizismus einen negativen Zusammenhang auf transformationale Führung hat. Bei den Einflussbedingungen Weiterbildung und Macht, im speziellen der Identifikationsmacht, wurde ebenfalls ein positiver Einfluss auf die Entwicklung in Richtung transformationales Führungsverhalten nachgewiesen. Aktive Weiterbildung stellt eine wichtige Kontextbedingung dar, um die Transformation nachhaltig zu fördern. Interessant an diesem Kontext war, dass es inhaltlich keinen Unterschied machte, welche Trainingsmaßnahmen eingesetzt wurden, lediglich die Tatsache „dass" Trainingsmaßnahmen stattfanden, war ausschlaggebend. Implikationen für Theorie und Praxis werden diskutiert.

Stichworte:

Transformational, Führung, Einflussbedingung, Macht, Bildung, Weiterbildung, Persönlichkeit

Transactional leadership applies in the current leadership research as one of the most successful models regarding leadership achievement. Inspiring and emotional activating effect is linked to leadership behavior and highly appreciated especially in organizational changes. This quantitative thesis (N=86) verifies the correlation to the context factors personality, higher education and power in transformational leadership. The research is focused on which context factors are required to ensure a change in leadership behavior to transformational leadership. It displays, that extraversion has a positive correlation and neuroticismus a negative correlation with transformational leadership. The context factors higher education and power, especially with the power of identification a positive correlation could be verified to transformational leadership. Advanced education represents an important context factor to support this transformation. A curious part of the results to make a leader successful were that it didn't matter which kind of training session were offered, only the fact that there were trainings offered. Theoretical and practical implications will be discussed.

Keywords:

Transformational, leadership, influence condition, power, (higher) education, personality

INHALTSVERZEICHNIS

1. Einleitung und Problemstellung

"Leadership is the most studied and least understood topic
of any in the social sciences." (Bennis/Nanus, 1985, S. 29)

Die Wirtschaft, Unternehmen, deren Mitarbeiter und Führungskräfte sind seit Jahren immer größeren und schnelleren Veränderungen ausgesetzt. Eine verstärkte Globalisierung und Internationalisierung von strategischen Geschäftsfeldern, die Erhöhung von technischer und ökonomischer Komplexität oder die Dynamisierung und Vernetzung von Geschäftsprozessen sind Konsequenzen dieser Entwicklung. Die starke Veränderung der wirtschaftlichen Rahmenbedingungen verändert zudem die Anforderungen an Führungskräfte und deren Führungsstil (Vgl. Dürndorfer/Friederichs, 2004, S. 9–10).

In den letzten Jahren hat sich zunehmend das Wissen verstärkt, dass nicht allein technologische und finanzielle Faktoren für die Wirtschaftlichkeit eines Unternehmens, sondern vor allem das „Humankapital" maßgeblich dafür verantwortlich sind (Vgl. Dillerup/Stoi, 2013, S. 857). Die Motivation der Mitarbeiter und deren Leistungsfähigkeit spielen dabei eine wesentliche und nicht zu unterschätzende Rolle. Aufgrund der immer höheren Bedeutung des Humankapitals für Unternehmen, lassen sich neue Anforderungen an Führungskräfte ableiten (Vgl. Frey et al., 2004, S. 27–52).

Führungskräfte sehen heute diversen Veränderungsprozessen entgegen und müssen Mitarbeiter dabei unterstützen und in die Lage versetzen können, Innovations- und Veränderungsprozesse erfolgreich zu bewältigen. Diese sich verändernden Anforderungen an die Führungskräfte wurden bereits Ende der 80iger Jahre erkannt und erstmalig beschrieben (Vgl. Kotter, 1991, S. 35–43).

Beim Führungskonzept der transformationalen Führung (Vgl. Burns, 1978; Bass, 1995) wurden die neuen Anforderungen an Führungskräfte am stärksten aufgegriffen. In den letzten 30 Jahren, rückte diese Theorie deshalb immer stärker in den Fokus der Führungsforschung und fand immer mehr Beachtung (Vgl. Bass, 1985; Geyer/Steyrer,

1994, Judge/Piccolo, 2004). Es wurde nachgewiesen, dass gerade im Umfeld extremer Veränderungen eine positive Korrelation zwischen transformationaler Führung, ökonomischen Effekten (Produktivität, Effizienz) und mitarbeiterbezogenen Erfolgskriterien (Motivation, Arbeitszufriedenheit, Commitment) zu finden sind. Transformationale Führung gilt als wertbezogene, emotional aktivierende und inspirierende Führung und wird durch ihre außerordentliche Motivations- und Leistungswirkung daher als Führungsstil der Zukunft angesehen (Vgl. Wunderer/Dick, 2007, S. 171–172). Sie entspricht zudem den impliziten Führungsvorstellungen vieler Menschen über die verschiedensten Kulturen hinweg, was unterstreicht, dass Mitarbeiter transformational geführt werden wollen. Führungskräfte erfahren durch diesen wertorientierten Führungsstil eine hohe Wertschätzung der Mitarbeiter sowie können Unternehmen, auf Grund hochmotivierter Mitarbeiter, die Wirtschaftlichkeit nachweislich steigern.

Bereits 1990 wiesen Bass & Avolio (S. 21–27) darauf hin, dass die anstehenden Veränderungen im wirtschaftlichen Kontext Führungskräfte benötigt, die in der Lage sind, auf diese globalen Veränderungen flexibel und bewusst zu reagieren. Sie postulieren, dass der global agierende Manager in der Zukunft mit schnellen Veränderungen jedoch mit heterogen zusammengesetzten Arbeitsgruppen konfrontiert sein werden. Um dieses Dilemma erfolgreich meistern zu können, schlagen die Autoren vor, Führungskräfte in Richtung transformationales Führungsverhalten zu fördern. Diese können dadurch den neuen Anforderungen, gemeinsam mit ihren Mitarbeitern, innovativ und veränderungsbereit entgegen sehen.

Studien belegen heute dennoch, dass das vordergründige Menschenbild, das des „homo oeconomicus" ist und ein hoher Verbreitungsgrad des transaktionalen Führungsverhaltens vorherrscht. Trotz der hohen Wertschätzung auf allen Seiten, wirft der geringe Verbreitungsgrad transformationaler Führung die Frage nach dem „Warum"? auf (Vgl. Steinle et al., 2008, S. 108).

Verhalten, das inspiriert und motiviert, erfährt die größte Wertschätzung, warum wird jedoch ein Verhalten, dass sich auf den homo oeconomicus fokussiert von

Führungskräften vorgezogen und wie begünstigen die Kontextbedingungen der Persönlichkeit, Macht und Weiterbildung diese Tatsache?

Auf Grund des starken organisationalen Wandels und der zunehmenden Globalisierung, hat sich der Fokus in der Führungsforschung stärker auf die veränderungsorientierte Forschung gelegt. Diese ging verstärkt in Richtung Operationalisierung, Auswirkungen des transformationalen Führungsstiles auf den Führungserfolg (Vgl. Bass, 1985; Geyer/ Steyrer, 1994; Judge/Piccolo, 2004; Lowe et al., 1996) oder die Entwicklung valider Messinstrumente (Vgl. Bass/Avolio, 1995).

Einflussbedingungen des Persönlichkeitsansatzes (Traits), kognitiver Fähigkeiten, Macht und Weiterbildung von Führungskräften und deren Effekt auf die Anwendung des transformationalen Führungsstiles, wurden jedoch noch sehr wenig untersucht (Vgl. Boerner/von Streit, 2006; Pundt et al., 2006). Deshalb werden in der vorliegenden Thesis die Effekte dieser Kontextbedingungen, sowie deren Einfluss auf die Anwendung des transformationalen Führungsstiles in der Praxis untersucht.

2.   Forschungsstand und Theorie

In Kapitel 2 werden die theoretischen und empirischen Grundlagen zu den zentralen Themenbereichen Führung (siehe 2.1), Transformationale Führung (siehe 2.2) sowie unterschiedliche Kontextbedingungen (siehe 2.3) dargestellt. Die begriffliche Abgrenzung soll den Zusammenhang von transformationaler Führung und darauf einwirkende moderierende Effekte besser verständlich machen. Am Ende eines jeden Abschnitts werden die wichtigsten theoretischen sowie empirischen Erkenntnisse zusammengefasst um dem Verlauf dieser Arbeit besser folgen zu können.

2.1   Führung

Bevor in Kapitel 2.2 die begriffliche Definition von transformationaler und transaktionaler Führung und deren Einbettung in das Full Range of Leadership Modell (Vgl. Bass/Avolio, 1994) erfolgt, wird zuerst der Begriff Führung, die Bedeutung guter Führung und in dessen Kontext die Unterscheidung von Management und Leadership erläutert. Ebenfalls werden persönlichkeitsbezogene Ansätze beschrieben.

2.1.1 Begriffsdefinition

Der Begriff „Führung" ist zwar im Sprachgebrauch fest verankert, jedoch gibt es bis heute, trotz vieler Versuche der unterschiedlichsten wissenschaftlichen Disziplinen, keine allgemeingültige Definition. Die Ursache ist darin zu finden, dass diese abweichende Vorstellungen von Führung besitzen, weshalb in der Literatur verschiedenste Erklärungen zu finden sind. So definiert Northouse (2013, S. 5) Führung: „Leadership is a process whereby an individual influences a group of individuals to achieve a common goal."

Kelloway und Barling (2010, S. 261) schlagen folgende Arbeitsdefinition vor: "as constituting a process of social influence that is enacted by designated individuals who hold formal leadership roles in organizations."

Lohmer et al. (2012, S. 39) postulieren, dass sie davon ausgehen, dass Führungskräfte sich in einem Spannungsfeld zwischen Sachorientierung und Personenorientierung befinden. „Auf dem Pol der Personenorientierung befinden sich so wichtige Führungsfunktionen wie "Enabling", also die Befähigung von Mitarbeitern, ihre Aufgabe erfüllen zu können, die Förderung der beruflichen, aber auch persönlichen Entwicklung der Mitarbeiter und die positive Beeinflussung von Mitarbeiterzufriedenheit und Teamzusammenhalt". (Lohmer et al., 2012, S. 39)

Ein ebenfalls moderner Ansatz liefert Pinnow (2012, S. 28), für den Führung heute bedeutet, sich von tradierten Werten und Sicherheiten zu verabschieden. Er sieht eine neue hohe Komplexität, Dynamik und Anforderungen an Führungskräfte, sowie einen Wandel in der Wahrnehmung der Mitarbeiter. Müssen Mitarbeiter einerseits als wertvolles Kapital gesehen und auch so behandelt werden, gilt es andererseits für Führungskräfte flexibel und veränderungsbereit zu agieren.

In Anbetracht der vielen Definitionen, kann als gemeinsamer Nenner genannt werden, dass Führung heute stets mit Beziehungen und/oder Strukturen in enger Verbindung stehen. „Führung sollte nicht nur den Unternehmenszielen dienen, sondern auch Humanziele verfolgen" (Nerdinger et al., 2014, S. 84). So steht das Wohlbefinden der

Mitarbeiter als wichtiges Kriterium des Führungserfolges neben dem Unternehmenserfolg (Vgl. ebenda).

2.1.2 Die Bedeutung guter Führung

„Führen heißt die Welt gestalten, der andere Menschen gerne angehören wollen!"
(Pinnow, 2012, S. 10).

Die Führungsforschung hat seit Mitte der 80iger nicht nur im angelsächsischen Raum, sondern weltweit sehr stark zugenommen. Auf Grund der immer stärker werdenden Globalisierung und den sich dadurch ändernden Anforderungen an Unternehmen haben sich auch die Forschungsaktivitäten in Richtung veränderungsorientierter Führung fokussiert. Diese untersuchten verstärkt die Ansätze der charismatischen und transformationalen Führung (Vgl. Conger/Kanungo, 1998; Herrmann et al., 2012).

Dieses Interesse ist darauf zurückzuführen, dass es bei transformationaler Führung gelingt, die Globalisierung und die immer schneller werdenden organisationalen Veränderungen zu begleiten. Mitarbeiter können durch gemeinsame Ziele und durch überzeugende Kommunikation zu herausragenden Leistungen motiviert werden. Führungskräfte werden als Vorbild wahrgenommen und unterstützen dabei die Entwicklung der Mitarbeiter. Diese positiven Auswirkungen auf die Motivation und die Arbeitsleistung der Mitarbeiter hat wiederum positive Effekte auf die Wirtschaftlichkeit und Flexibilität von Unternehmen, worin auch das große Interesse von Unternehmen an diesem Führungsstil zu erkennen ist (Vgl. Bass, 1995, S. 463–478).

Die ökonomische Effizienz von Unternehmen ist ein Resultat des Führungserfolges, was die Bedeutung erfolgreicher Führung und die Anwendung transformationaler Führung im wirtschaftlichen Kontext fördern müsste. Führungsverhalten und der Führungserfolg sind jedoch nicht isoliert, sondern komplexer zu betrachten und einzuordnen. Führungserfolg ist heute keiner monokausalen Erklärung zugänglich, da diese von vielen Faktoren abhängt. Wurden früher Eigenschaften der Führungsperson als wesentliches Alleinkriterium für den Führungserfolg betrachtet, wird heute von einer

Korrelation der unterschiedlichsten Faktoren ausgegangen (Vgl. Rodler/Kirchler, 2002, S. 25).

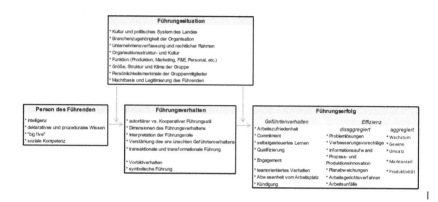

Abbildung 1: Führungsmodell nach von Rosenstiel (Quelle: von Rosenstiel, 2001, S. 328)

Abbildung 1 zeigt, dass das Führungsverhalten zunächst durch den Führenden und dessen Personenmerkmale beeinflusst wird. Eigenschaften wie dessen Intelligenz, Kompetenzen oder Motive spielen neben weiteren Kontextbedingungen wie der Führungssituation zusätzliche signifikante Rahmenbedingungen. Auf den Kontext der Persönlichkeitseigenschaften und der Machtbasis wird im Verlauf dieser Arbeit näher eingegangen.

2.1.3 Management und Leadership

Die Unterscheidung von Management und Leadership als unterschiedliche Typen der Führungsperson sind eine zentrale Basis bei der Entstehung des Full Range of Leaderhip Modells, auf welches in Kapitel 2.2.2 näher eingegangen wird (Vgl. Rost, 1993, S. 10–11). Entwicklungen die aus dieser Führungsforschung stammen, stellen den Ausgangspunkt für aktuelle Forschungen zur transformationalen Führung dar. Die Unterscheidung von Führungskräften in 2 Führungstypen - Manager und Leader - bilden dazu die Basis (Vgl. Zaleznik, 1977, S. 67 – 78).

Dem Management wird im wirtschaftlichen Kontext eine strukturierende Funktion auf anfallende Tätigkeiten zugesprochen. Die Überwachung und Einhaltung zuvor entworfener Pläne zur Zielerreichung, sind Aufgaben eines Managers. In diesem Kontext spielt jedoch Personalführung keine zwingende Rolle (Vgl. Dillerup/Stoi, 2013, S. 8).

Im Gegensatz zu „Managern" nehmen sich „Leader" ihrer Rolle als Führungskraft aktiv an, inspirieren ihre Mitarbeiter durch Sinnstiftung und Identifikation mit gemeinsamen Zielen, Werten und Aufgaben. Sie konzentrieren sich darauf, die „richtigen Dinge zu tun" und fungieren als Gestalter für eine langfristige Neuausrichtung des Unternehmens und deren ökonomische Effizienz (Vgl. Kotter, 1988, S. 36ff).

Leader sehen weniger die Aufgabe an sich, sondern den Menschen der hinter der Aufgabe steht und versuchen diesen, mit Hilfe der verschiedensten Führungsinstrumente wie zum Beispiel: Lob, Empathie, offene Kommunikation oder Vorbildfunktion, zur Erreichung der Unternehmensziele zu motivieren. Die Führungsforschung beschreibt Leadership als Führung und Schlüssel für die Zukunft, um den immer schnelllebigeren Anforderungen in Unternehmen standzuhalten. Die empirische Forschung definiert verschiedenste Charakteristiken, die als Basis für das allgemeine Verständnis von Leadership dienen. So beschreibt diese beispielsweise, dass eine Entwicklung von Führungskräften zu Leadern voraus setzt, dass diese in ihrem Führungsverhalten auf Vertrauen, Weitblick sowie Langzeitperspektive setzen und sich als Innovatoren sehen, sowie sich deren Weitwinkel auf das gesamte Unternehmen bezieht (Vgl. Bennis, 2000, S.14).

In der Unterscheidung zwischen Management und Leadership (Abbildung 2) wird deutlich, dass Leader durch die Vorbildwirkung und Art und Weise der Kommunikation ihre Mitarbeiter zu Höchstleistungen inspirieren und dazu motivieren, ihrer Vision zu folgen. Sie fordern ihre Mitarbeitenden nicht nur kognitiv heraus, sie sind auch emphatisch und einfühlsam zugleich. In sämtlichen neuen Führungstheorien, die seit den 80igern vorgestellt wurden, waren Inhalte inspirierender, kognitiv herausfordernder, Führung im Zentrum der Forschung (Vgl. Felfe, 2006a, S. 163). 1985 entwickelte Bass das Modell zur transaktionalen und transformationalen Führung, das anstrebte, die Komponenten aus dem Full Range Leadership Modell zu systematisieren, sowie durch einen Fragebogen (MLQ) messbar (Kapitel 2.2.6) zu machen (Vgl. Conger and Kanungo, 1987, S. 637–647).

Abbildung 2: Unterscheidungsmatrix Management und Leadership (Quelle: Hinterhuber/Krauthammer, 2015, S.17)

2.1.4 Persönlichkeitsbezogene Ansätze der Führung

Max Weber (2002, S. 140) identifizierte zwar bereits 1921 „Charisma" als Merkmal erfolgreicher Führung, jedoch kam dieses erst in den 90igern in den Fokus der organisationspsychologischen Forschung. Wurde zuerst von Weber (2002, S. 660) angenommen, dass Charisma im ökonomischen Alltag langfristig keine Chance hat, da Sachzwänge, Ziele und deren Kontrolle im Fokus stehen, ist dieses heute genau auf diese Faktoren zurückzuführen. Dies ist einer der Hauptgründe, weshalb transformationale Führung in den Vordergrund vieler Unternehmen rückt. Geführte benötigen in der aktuellen sehr schnelllebigen Zeit Sinnstiftung, Visionen und emphatische Führungskräfte um im Berufsalltag zu bestehen, oder um erfolgreich durch Krisen zu kommen.

Die Persönlichkeit des Führenden wurde in der Vergangenheit oft allein als Grund für Führungserfolg angesehen. Zahlreiche Studien wurden dadurch zur Entschlüsselung von Moderatoren erfolgreicher Führung und der immensen Anziehungskraft großer Persönlichkeiten, wie etwa Ghandi, angeregt. Diese blieb jedoch lange Zeit erfolglos. Auf Grund dieser Erfolglosigkeit waren einige Forscher der Meinung, dass die

Persönlichkeit keine Bedeutung für den Führungserfolg hat. Dies ist jedoch, wie die Vorstellung, dass Führungserfolg allein von der Persönlichkeit des Führenden abhängt, ein unvollständiger Blickwinkel (Vgl. Nerdinger et al., 2014, S. 87).

Im Zuge weiterer Forschungen wurde ein Zusammenhang zwischen Führungseigenschaften und Führungserfolg festgestellt. An dieser Stelle muss jedoch angemerkt werden, dass bis dato empirisch keine „ideale Führungspersönlichkeit" erforscht werden konnte, welcher andauernder Führungserfolg nachgewiesen werden kann. Die Gründe dafür werden in den individuellen Persönlichkeitsunterschieden von Führern und Geführten gesehen (Vgl. Nerdinger et al., 2014, S. 86–87).

In den letzten Jahren wuchs das Interesse hinsichtlich der Forschung persönlichkeitsbezogener Ansätze stark, was diverse Studien angeregt hat. Einige dieser Studien konzentrierten sich auf die unterschiedlichsten Korrelationen bezüglich der 5 Faktoren der Persönlichkeitseigenschaften (Abbildung 3), und deren Einfluss auf den Führungserfolg (Vgl. Costa/McCrae, 1989; Körner et al., 2002).

In einer umfassenden Metaanalyse stellten Judge, Bono, Ilies und Gerhard (2002, S. 765–780) einen Zusammenhang zwischen Extraversion (ρ=.31), Gewissenhaftigkeit (ρ=.28) und Führungserfolg fest. Neurotizismus (ρ=-.24) hing hingegen nachweislich negativ mit dem Führungserfolg zusammen. Dies bedeutet, dass Ängstlichkeit und Unsicherheit, Nervosität hinderlich für den Führungserfolg sind, was wichtige Hinweise für Führungskräftetrainings liefert.

Extraversion (extraversion)	•GESELLIGKEIT UND EINFLUSS AUF ANDERE •gesellig, aktiv, energisch, gesprächig, personenorientiert, herzlich, heiter
Gewissenhaftigkeit (conscientiousness	•VERLÄSSLICHKEIT UND LEISTUNGSORIENTIERT •Ordentlich, pünktlich, zuverlässig, hart arbeitend, diszipliniert, penibel
Neurotricismus (neurotricism)	•UNREALISTISCHE IDEEN •Nervös, ängstlich, traurig, unsicher, verlegen
Verträglichkeit (agreeableness)	•ZWISCHENMENSCHLICHES VERTRAUEN •Altruistisch, mitfühlend, verständnisvoll, wohlwollend
Offenheit für Erfahrung (openness to experience)	•INTERESSIERT AN KULTUR UND ÖFFENTLICHEN EREIGNISSEN •wissbegierig, kreativ, fantasievoll

Abbildung 3: Fünf-Faktoren Modell der Persönlichkeit nach Borkenau & Osendorf (Quelle: modifiziert nach Nerdinger et al., 2014, S. 87)

Barrick und Mount (1993, S. 111–118), stellten zudem fest, dass es signifikante Zusammenhänge zwischen den Persönlichkeitseigenschaften Gewissenhaftigkeit (ρ=.0.25) und Extraversion (ρ=.14) besteht. Diese sowie weitere theoretische und empirische Erkenntnisse hinsichtlich der Persönlichkeitseigenschaften werden in Kapitel 2.3.1 näher beschrieben.

2.1.5 Zusammenfassung

Der Wandel von Managern zu Leadern im wirtschaftlichen Kontext wird für die Wirtschaftlichkeit von Unternehmen immer wichtiger. Die verstärkte Globalisierung sowie neue Anforderungen die Mitarbeiter an Führungskräfte stellen, bewegt ein Umdenken in Richtung transformationale Führung. Durch Vorbildwirkung, gemeinsame Visionen und Ziele, erreichen transformationale Führungskräfte eine hohe Mitarbeitermotivation.

Aspekte der Persönlichkeit im Führungsverhalten spielen dabei von der Entwicklung von Managern zu Leadern und dadurch von transaktionaler zu transformationaler Führung, eine wichtige Rolle. Hinsichtlich persönlichkeitsbezogener Ansätze konnte bereits in Studien ein positiver Effekt auf die Führungseffektivität mehrerer Big Five Faktoren nachgewiesen werden. Bei Extraversion sowie Gewissenhaftigkeit konnte ein

Zusammenhang mit transformationaler Führung festgestellt werden (Vgl. Bono/ Judge, 2004, S. 901–910). Ebenfalls wurde festgestellt, dass Neurotizismus einen negativen Effekt auf den Führungserfolg hat, weshalb Führungskräfte nicht nur darauf achten können, einerseits gesellig, offen und herzlich zu agieren, sondern auch andererseits Unsicherheit und Nervosität abzulegen, um den Führungserfolg zu steigern.

2.2 Transformationale Führung

In diesem Kapitel wird das Konzept der transformationalen und transaktionalen Führung vorgestellt. Nach einer Begriffsbestimmung und Einordnung transformationaler und transaktionaler Führung als Leadershipkonzept, wird das grundlegende Führungsmodell des Full Range of Leadership dargestellt, in welches die transformationale Führung eingebettet ist. Weiters werden die empirischen und theoretischen Grundlagen zu transformationaler Führung und deren Erlernbarkeit dargelegt und in Bezug zur vorliegenden Arbeit gebracht, um dann ab Kapitel 2.3 den Einfluss weiterer Kontextbedingungen zu diskutieren.

2.2.1 Einordnung transformationaler und transaktionaler Führung in den Führungstheorien und aktuelle Forschungsansätze

In den 40iger Jahren standen im Fokus der Forschung die eigenschafts- bzw. traittheoretischen Ansätze. Während in den 60iger Jahren das Verhalten sowie Verhaltensstile im Mittelpunkt standen, konzentrierte sich die Forschung ab Anfang der 80iger Jahre auf die situativen – sowie kontingenztheoretischen Ansätze. Die ganzheitliche Erfassung der Führungspersönlichkeit und somit ein Paradigmenwechsel der Betrachtungsweise von Führung, fand ab Mitte der 80iger Jahre statt (Vgl. House, 1977, S. 189–207). Dabei wurden Verhaltensweisen wie das Setzen von anspruchsvollen Zielen, oder Eigenschaften wie ein hohes Selbstvertrauen, als Moderatoren genannt, die die Effektivität der Führung beeinflussen. Im Zuge dieser neuen Betrachtungsweise rückten Ansätze, wie die der transformationalen Führung, in den Vordergrund der Führungsforschung, da dieser eine positive Korrelation mit dem Wohlbefinden von Beschäftigten, Erhöhung des Commitments und einer Leistungssteigerung nachgewiesen werden konnte (Vgl. Holstad/Rigotti/Otto, 2013, S. 163).

Alle seit 1980 vorgeschlagenen Führungstheorien und Konzepte des New Leaderships (Vgl. Conger/Kanungo, 1987, S. 637–647; House, 1977, S. 189–207) weisen unterschiedlichste Komponenten transformationaler Führung, wie zum Beispiel: Inspiration oder intellektuelle Stimulation auf. Diese beinhalten folgende idente Kernfacetten transformationaler und charismatischer Führung:

- Unterstützung der Geführten im persönlichen Wachstum durch Vertrauen und Berücksichtigung der Bedürfnisse
- Inspiration & Motivation
- visionäre Führung

Auf Grund des Wandels in organisationalen Kontexten und der immer stärker werdenden Globalisierung hat sich der Fokus der Führungsforschung in Richtung veränderungsorientierter Führung gerichtet. Transformationaler Führung wird zugesprochen, gerade in diesem Kontext herausragende Leistungen zu erzielen. Werte und Motive der Geführten werden positiv beeinflusst und anstatt kurzfristiger, egoistischer Ziele treten langfristige Werte in den Vordergrund. Transformationale Führungskräfte werden von den Mitarbeitern selbst als Vorbild wahrgenommen, da diese einerseits die Entwicklung der Mitarbeiter unterstützen und andererseits durch attraktive Visionen und wertschätzende Kommunikation individuell fördern, sowie zu Höchstleistungen motivieren (Vgl. Felfe, 2006a, S. 163-164).

Ergebnisse einer Metaanalyse von Fuller (1996, S. 271–287) zeigen einen Zusammenhang zwischen Charisma *(0.45)*, Produktivität und Wachstumssteigerung. Ebenfalls konnte in Metaanalysen nachgewiesen werden, dass dieser Zusammenhang bei Führungskräften in höheren hierarchischen Positionen stärker ist als bei Führungskräften unterer Führungsebenen. Dies wurde auf die Möglichkeit zurückgeführt, dass hierarchisch höhere Führungskräfte mehr Möglichkeiten in der Autonomie, sowie einer kritischen Betrachtungsweise des vorhandenen Status Quos möglich ist. Judge und Piccolo (2004, S. 755–768) lieferten in ihrer Metaanalyse jedoch den Befund, dass transformationale Führung *(.02)* im Gegensatz zu bedingter

Belohnung (transaktional) *(.45)* keinen prognostischen Wert auf die Job Performance von Führungskräften hat.

2.2.2 Full Range of Leadership

Dieses Modell steht in der Tradition der charismatischen Führungstheorien und ist aus den Forschungen der späten 70er Jahre weiterentwickelt worden. Dieses stellt heute ein bedeutsames und einflussreiches Führungsmodell dar.

Das Full Range of Leadership umfasst unterschiedliche Führungsbausteine die von Avolio und Bass (2001, S. 4) auf zwei Ebenen dargestellt werden. Neben der transformationalen Führung beschreibt dieses Modell (Abbildung 4) Verhaltensweisen der transaktionalen Führung sowie Komponenten des Laissez-Faire, was die Verweigerung von Führung bedeutet und ordnet dieses in Aktivitäts- und Effektivitätsgrad ein.

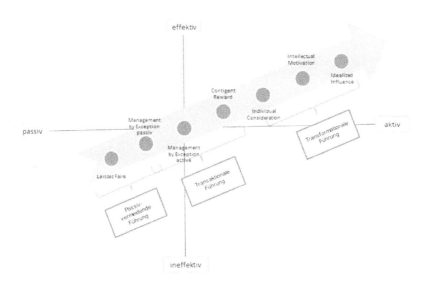

Abbildung 4: modifizierte Darstellung des Full Range of Leadership (Quelle: Avolio/Bass, 1994, S. 4)

Kritiker wie Yukl (1999, S. 285–305) zweifeln jedoch das Modell von Avolio und Bass, in Bezug auf die theoretische Konzeption an. Diese postulieren damit die gesamte mögliche Führungsbreite abzudecken und dass unter Berücksichtigung dieser 3 Führungstheorien (Tabelle 1), ein in sich geschlossenes Führungsmodell gebildet wird. Entscheidend für den Führungserfolg ist nach der Theorie des Full Range of Leadership, dass Führungskräfte sich der einzelnen Dimensionen individuell bedienen oder ausgestalten. Die Umsetzung erfolgt von direktiv bis partizipativ und nicht durch die Festlegung auf eine einzige Strategie.

Tabelle 1: eigene Darstellung der Komponenten transformationaler, transaktionaler und passiver Führung (Quelle: Bass, 1999, S. 181-217)

Führungsstile	Dimensionen
Transformationale Führung	- Idealisierter Einfluss (attribuiert, behavioural) - Inspirierende Motivierung - Intellektuelle Stimulierung - Individuelle Stimulierung - Individuelle Mitarbeiterorientierung
Transaktionale Führung	- Bedingte Belohnung - Aktives Management by Exception
Passive Führung	- Passives Management by Exception - Laissez Faire

Die populärste und meist untersuchte Dimension des Full Range Leadership Modells ist die transformationale Führung, was auf die folgenden Gründe zurückzuführen ist:

- ideale und idealisierte Form von Führungsverhalten
- enge Bezüge zur emotionalen Beeinflussung
- enger Bezug zu Charisma
    - → charismatische Führung wird oft in Verbindung zu heroischer und übermenschlicher Führung gebracht

2.2.3 Transformationale Führung

Erstmalig wurde die Theorie der transformationalen Führung von Burns im Jahre 1978 erwähnt und von Bass Anfang der 80iger Jahre in den Bereich der Wirtschaft übertragen und weiterentwickelt. Seit Mitte der 80iger Jahre befindet man in der Führungsforschung verstärkt Ansätze der charismatischen bzw. transformationalen Führung (Vgl. Bass, 1985; Conger/Kanungo, 1987). In Zeiten des immer stärker werdenden globalen Wettbewerbdrucks gewinnt diese Theorie zudem immer mehr an Relevanz, da neben den Unternehmensressourcen, auch die Humanressourcen optimal genutzt werden wollen.

„Transformationaler Führung gelingt es, durch die „Transformation" von Werten und Einstellungen der Mitarbeiter Motivation und Leistung zu steigern." (Felfe, 2006a, S. 164)

Transformationale Führungskräfte motivieren Ihre Mitarbeiter durch die Entwicklung von Visionen, die sie nicht nur überzeugend kommunizieren, sondern auch selbst Leben und dadurch als Vorbild wahrgenommen werden. Sie zeigen auf, wie Ziele gemeinsam erreicht werden können und unterstützen ihrer Mitarbeiter in ihrer Entwicklung. Sie verändern folglich Motive, Werte, Einstellungen, Hoffnungen und die Überzeugung ihrer Mitarbeiter und unterstützen diese in der Entwicklung in eine höhere Reifestufe. Dadurch treten an Stelle egoistischer Ziele übergeordnete Ideale und Werte. Führungskräfte erreichen diese Transformation in dem sie Einfluss auf das Selbstkonzept der Mitarbeiter nehmen. Sie steigern dadurch deren Selbstvertrauen und Einsatzbereitschaft, was nicht nur einen positiven Effekt auf die Motivation und Loyalität der Mitarbeiter hat. Infolge dessen ist zudem eine Erhöhung der Wirtschaftlichkeit von Unternehmen nachzuweisen, da einerseits die Leistungsbereitschaft und das Selbstvertrauen steigt und andererseits die Fluktuation sinkt (Vgl. Bass, 2002, S. 105–118).

Geführte betrachten folglich die eigene Arbeit unter einem anderen Betrachtungswinkel. Somit entsteht Vertrauen in die eigenen Fähigkeiten, welche erhöht und gestärkt werden. Hohe Begeisterung des Mitarbeiters für die berufliche

Tätigkeit sowie Sinnstiftung resultieren daraus. Dies unterstützt den Mitarbeiter einerseits darin, sich mit den Unternehmenszielen zu identifizieren, sowie vollen Einsatz zu leisten, um diese Ziele zu erreichen oder sogar zu übertreffen. Riedelbauch fasst die von Weinert (2004, S. 508-511) postulierten Verhaltensweisen und Wirkungen transformationaler Führung in einem Übersichtsmodell (Abbildung 5) zusammen:

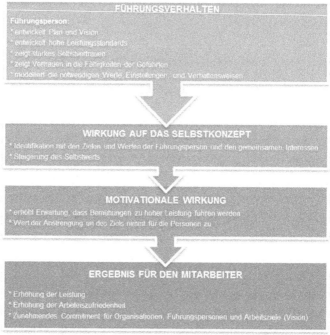

Abbildung 5: Übersichtsmodell transformationaler Führung (Quelle: Weinert, 2004 zitiert nach Riedelbauch, 2011, S. 29)

Hinsichtlich der transformationalen Führung identifiziert Bass (1985) 4 Ebenen transformationaler Führung, die charakterisierende Verhaltensweisen beschreiben, durch die transformational führende Person gekennzeichnet sind (Vgl. Avolio /Bass, 2008, S. 2):

- *Idealized Influence* beschreibt die besondere fachliche und moralische Vorbildfunktion der FK, auf Basis welcher die Geführten Vertrauen und Respekt entgegen bringen.
- *Inspirational Motivation* beschreibt die Begeisterungsfähigkeit der FK durch attraktive und überzeugende Visionen, die gleichzeitig Zuversicht wecken, dass die gesetzten Ziele auch erreicht werden können.
- *Intellectual Stimulation* beschreibt, dass FK ihre Mitarbeiter zu innovativem Denken anregen, zur kritischen Betrachtung der bisherigen Vorhergehensweise und zur Anregung neue Wege zu suchen und zu erproben.
- *Individualized Consideration* beschreibt, dass FK sich als Coach verstehen, die Bedürfnisse ihrer Mitarbeiter erkennen und diese systematisch fördern

Tabelle 2 stellt eine ausführliche Darstellung dieser 4 Ebenen dar, sowie beschreibt diese deren Mediatoren, Verhaltensweisen sowie die Auswirkungen auf die Konsequenzen/ Erfolge des entsprechenden Führungsverhaltens:

Tabelle 2: Dimensionen transformationaler Führung, Mediatoren, Moderatoren und Erfolgskriterien (Quelle: nach Bass, 1985; deutsche Übersetzung zitiert nach: Felfe, 2006, S.165)

Transformationale Führung	Mediatoren	Charakteristische Verhaltensweisen	Konsequenzen / Erfolge eines entsprechenden Führungsverhaltens
Idealized Influence (II) *Einfluss durch Vorbildlichkeit und Glaubwürdigkeit*	- Charisma - Unterteilung in attributionale und behavioralen Teil - Spezifische Ausstrahlungskraft der FK, die unabhängig von ihren fachlichen Kompetenzen wirkt.	- Modellhaftes Verhalten - FK ordnet eigene Bedürfnisse unter die Teambedürfnisse - FK erwartet hohe Leistungs- und ethische Standards - FK strahlt aus, das Richtige zu tun	- Bewunderung - Vertrauen und Respekt - Modellwirkung FK wird zur Identifikationsfigur - FK vermittelt Enthusiasmus - Geführte wollen FK nachahmen
Inspirational Motivation (IM) *Motivation durch begeisternde Vision*	- Visionäre Führung - Beeinflussung hin zu einem Ideal - Ansteckender Teil der Führung, durch den	- Visionen haben, kommunizieren, symbolisieren und leben - Hohe Erwartungen	- Selbstvertrauen & Selbstwirksamkeit - Begeisterung und Interesse - Arbeit erscheint bedeutsam, sinnvoll, ganzheitlich

25

	Enthusiasmus für ein Ziel verbreitet wird. - Überzeugung vermitteln, dass die Zukunft deutlich attraktiver ist als die Gegenwart	kommunizieren - Wichtige Ziele in einfacher Manier ausdrücken - FK vermittelt Optimismus und Zuversicht	
Intellectuel Stimulation (IS) *Anregung und Förderung von kreativem und unabhängigem Denken*	- Intellektuelle Anregung der Mitarbeiter auf intellektueller Ebene - Manager als Problemlöser, Führer als Problemsucher	- Zu kreativem und innovativem Denken anregen, indem gewohnte Annahmen in Frage gestellt werden - Neue Perspektiven einnehmen (lassen), Probleme in neuen Bezugsrahmen stelllen - Entscheidungen hinterfragen und in Frage stellen lassen - Zu kreativen Ideen ermuntern	- Selbstständigkeit - Partizipation - Kreativität & Innovation - Mentale Flexibilität - Problemlösungsfähigkeit - Fördern von Rationalität - Größerer Idennpool
Individualized Consideration (IC) *Individuelle Unterstützung und Förderung*	- Führungsrolle als Mitarbeiter-Coach - Potenzial einzelner Mitarbeiter erkennen und fördern	- Aufmerksamkeit gegenüber individuellen Unterschieden - Jeder Mitarbeiter wird individuell gefördert - Führungskraft hört aktiv zu: Erkennen der Bedürfnisse der Mitarbeiter	- Motivation zusätzlicher Anstrengung, Veränderung des Anspruchsniveaus - Individuelle soziale Unterstützung - Individuelle Förderung und Beratung - Optimale Potenzialentwicklung

Kritisch muss jedoch auch das Risiko des Machtmissbrauchs betrachtet werden. Bass postuliert 1998 erstmalig den Begriff „pseudotransformational". Dieser beschreibt Führung, der sich nicht an übergeordneten ethischen Prinzipien orientiert, sondern von den egoistischen Zielen der Führungskraft bestimmt ist. Diesen Führungskräften kann, im Gegenzug zu authentisch transformationalen nicht getraut werden, zudem findet hierbei keine Mitarbeiterentwicklung im Sinne des transformationalen Führungsstiles statt, sondern es werden gehorsame und devote Mitarbeiter „entwickelt" (Vgl. Bass, 2002, S. 109). Empirisch konnte bisher nachgewiesen werden, dass es einen Zusammenhang zwischen transformationaler Führung und der moralischen

Urteilsbildung von Führungskräften gibt. Daraus entstand in den letzten Jahren die Forderung, welche sich auch etabliert hat, den transformationale Führung an ethischen Standards anzulehnen (Vgl. Turner et al., 2002, S. 304–311).

2.2.4 Erlernbarkeit und Förderung transformationaler Führung

In jüngsten Studien zu charismatischer und transformationaler Führung wurde beschrieben, dass diese inspirierende Wirkung die transformationale Führungskräfte haben, keine „göttliche Gnade" darstellt, sondern dass diese durch gezielte Trainingsmaßnahmen entwickelt und verbessert werden können (Vgl. Frese et al., 2003, S. 671–698). Hinsichtlich welche Trainingsmaßnahmen und Inhalte die Anwendung und Effektivität das transformationalen Führungsstiles systematisch fördert, ist bis dato noch ein Forschungsbereich, der viele Fragen aufwirft (Vgl. Felfe, 2006a, S. 172). Ebenfalls beschäftigten sich Studien mit den unterschiedlichen Moderatoren und Kontexten die transformationale Führung fördern oder in ihrer Anwendung hemmen (Vgl. Herrmann et al., 2012, S. 70–86; Pundt et al., 2006, S. 108–119).

Diese Masterthesis soll dazu dienen, Kontextfaktoren zu identifizieren, die Einfluss auf Führungskräfte nehmen und diese daran hindern oder fördern den transformationalen Führungsstil im Verhalten zu implementieren und zu leben. Die Evaluation der Kontextfaktoren kann Anregungen für weitere Forschungen und der genaueren Untersuchung liefern.

Erfreulich hinsichtlich der Erlernbarkeit von transformationaler Führung ist, dass Conger bereits 1992 (S. 34) zu dem Schluss gekommen ist, dass:

"Leaders, [...] are born and made".

2.2.5 Transaktionale Führung

Die transaktionale Führung basiert auf einem Austauschverhältnis zwischen der Führungskraft und dem Geführten. Dabei wird eine Zielvereinbarung herangezogen, in welcher klar aufgezeigt wird, welche Anstrengung oder Leistung vom Mitarbeiter, sowie welche Gegenleistung seitens des Unternehmens dafür zu erwarten ist. So werden klare Richtlinien im Sinne des „Quid pro quo" ausgehandelt und vereinbart und nicht wie im Sinne transformationaler Führung darauf geachtet, die Bedürfnisse des Mitarbeiters auf ein höheres Niveau zu heben (Vgl. Kirchler, 2011, S. 478).

Transaktionale Führungskräfte akzeptieren diese bereits ausgehandelten Ziele und konzentrieren sich mehr auf das „wie" als auf das „was". Sie konzentrieren sich auf einen reibungslosen Ablauf von Prozessen, sowie um die Einhaltung der Qualitätsstandards. Bass (1985, S. 9) beschreibt dieses Verhalten wie folgt: „The transformational leader emphasizes what you can do for your country, the transactional leader on what your country can do for you".

Empathie, Bewunderung oder gar Begeisterung für die Führungskraft bleiben bei transaktionaler Führung aus, da diese eher die emotionslose Übereinkunft im Vorfeld ausgehandelter Ziele und Richtlinien in den Vordergrund stellt. Transaktionale Führung basiert auf Reziprozität. Durch diesen nutzenorientierten Austausch von Leistung und Entlohnung entsteht in erster Linie eine extrinsische Motivation. Diese Art von Übereinkunft ist sicherlich zufriedenstellend und auch effektiv, was die nach wie vor verbreitete Anwendung dieses Führungsstiles unterstreicht. Langfristig jedoch hat dieser einen weniger positiven Effekt auf die Leistung und Motivation der Geführten, als die transformationale Führung, welche intrinsisch motiviert (Vgl. Kirchler, 2011, S. 479).

2.2.6 Multifactor Leadership Questionaire: Messung transformationaler Führung

Das Multifactor Leadership Questionaire (MLQ) wurde entwickelt um die 9 Führungsstile des Full Range of Leadership (Kapitel 2.2.2) zu erfassen. Hauptgrund für die Entwicklung des MLQ bildeten qualitative Pilotstudien, bei welcher Offiziere gebeten wurden, transformationale Führungskräfte zu beschreiben, welchen sie im Laufe ihrer Berufslaufbahn begegneten. Über die Jahre fanden unzählige Anpassungen, Übersetzungen in die unterschiedlichsten Sprachen statt (Vgl. Avolio et al., 1999, S. 441–462). Im MLQ werden alle theoretisch angenommenen Führungsbausteine des Full Range of Leadership in einzelnen Rubriken im Fragebogen evaluiert. Dabei werden die in Tabelle 1 dargestellten Items – transformationale, transaktionale und Laissez Faire Führung - in unterschiedlichen Skalen dargestellt. Die Evaluation des Führungsverhaltens erfolgte durch die direkten Mitarbeiter der Führungskräfte die diese einschätzen. In der aktuellsten Version des MLQ von Felfe (2006b, S. 62) wurde diese zudem um die Selbstbeschreibung der Führungskraft erweitert. Dies sollte eine ganzheitlichere Betrachtung unterstützen.

2.2.7   Zusammenfassung

Transformationale Führung ist ein Führungsmodell, welches im ökonomischen und gesellschaftlichen Kontext immer mehr an Bedeutung gewinnt, sowie stark in den Fokus der Führungsforschung, als das Führungsmodell der Zukunft, gerutscht ist.

Im Gegenzug zu transaktionaler Führung gilt die transformationale Führung, als inspirierende und motivierende Führung, bei welcher die Werte, Motive und Einstellungen der Geführten, „transformiert" werden. In Metaanalysen konnte ein positiver Zusammenhang zwischen transformationaler Führung und Erfolgskriterien weitgehend bestätigt werden (Vgl. Judge/Piccolo, 2004, S. 755–768).

Eingebettet in das Full Range of Leadership Modell, messbar durch den MLQ (Vgl. Bass/Avolio, 1995), dreht sich die aktuelle Forschung gerade um die Evaluation der unterschiedlichsten Kontexte und Moderatoren, welche förderlich oder auch hinderlich für die Implementierung des transformationalen Führungsstiles sind. Ist einerseits die positive Wirkung transformationaler Führung auf Mitarbeiter, deren Leistungsbereitschaft und Commitment belegt worden, liegen bis heute wenige valide Ergebnisse für die Erklärung transformationaler Führung durch Persönlichkeitsmerkmale und intrapersonale Motive vor. Ein hohes Machtmotiv sowie den Wunsch andere zu beeinflussen postuliert House (1977) als Persönlichkeitsmerkmal charismatischer Führung.

Neueste Studien belegen zudem, dass der transformationale Führungsstil erlernbar ist (Kapitel 2.2.3). Dies ist gerade für Unternehmen im wirtschaftlichen Kontext eine wichtige Erkenntnis (Conger, 1992, S. 34). Dieses Wissen ermöglicht eine optimierte Gestaltung von Führungskräftetrainings, Coachings sowie die Forcierung dieser. Führungskräfte erleben durch die Weiterbildung einen erhöhten Selbstwert, kommunikative Fähigkeiten und Sinnerleben was zu einer „Transformation" der eigenen Werte und Verhaltensweisen führt. Dadurch rückt der transaktionale Führungsstil in den Hintergrund, sowie treten neue Motive in den Vordergrund. Bei diesen stellt die Förderung der Mitarbeiter einen höheren Mehrwert dar, als die Verfolgung im Vorfeld vereinbarter Ziele.

2.3 Kontextbedingungen transformationaler Führung

Nach der Einordnung sowie Erläuterung transformationaler Führung in die Führungstheorien sowie Darstellung empirischer Befunde in Kapitel 2.2, folgt nun die Evaluierung unterschiedlicher Kontextbedingungen transformationaler Führung. Es werden deren Effekte auf Führungskräfte beleuchtet, sowie bezüglich Implementierung im Führungsalltag interpretiert. Dazu werden aktuelle empirische Studien herangezogen um Effekte von Persönlichkeitseigenschaften (2.3.1), kognitiven Fähigkeiten (2.3.2), Weiterbildung (2.3.3), sowie des Machtmotives (2.3.4) zu identifizieren und folgend Hypothesen abzuleiten. Die empirische Überprüfung dieser wird in Kapitel (3.) empirisch vorgestellt, in Kapitel 4 und 5 dargestellt sowie zusammengefasst um anschließend in Kapitel 6 Implikationen für Praxis ableiten zu können.

2.3.1 Effekte von Persönlichkeitseigenschaften (traits)

In einer Studie von Barrick und Mount 1993 (S. 111–118), an der 146 Manager teilnahmen, wurde festgestellt, dass signifikante Zusammenhänge zwischen den Persönlichkeitseigenschaften Gewissenhaftigkeit (.25) und Extraversion (.14) bestehen. Dies wurde in weiteren Studien bestätigt (Vgl. Judge et al., 2002). Je höher die Autonomie im Berufsalltag der Führungskraft war, umso höher waren diese Werte. Ebenfalls wurde in Studien nachgewiesen, dass bei erfolgreichen Führungskräften höhere Ausprägungen sämtlicher Big Five Faktoren (Abbildung 3) zu finden sind, als bei weniger Erfolgreichen (Vgl. Silverthorne, 2001, S. 303-309).

Judge und Bono haben 2000 (S. 755–768) in einer Studie den Zusammenhang zwischen den Big Five-Faktoren sowie transformationaler Führung untersucht. Die Datenbasis zu dieser Studie lieferten Führungskräfte aus 200 Organisationen. Überraschend war, dass es keine signifikanten Zusammenhänge zwischen emotionaler Stabilität und Gewissenhaftigkeit gab, sondern lediglich eine positive Korrelationen zwischen den Big Five Faktoren Verträglichkeit $(\rho = .21 - .28)$ sowie Extraversion $(\rho = .14 - 0.24)$ aufgezeigt werden konnte. Auf Grund dieser Ergebnisse kamen die Autoren zum Schluss, dass transformationale Führung nicht als Trait Ansatz einzuordnen ist.

Spannend in diesem Kontext sind die Befunde einer der jüngsten Studien von Bono und Judge (2004, S. 901–910), die in einer Metaanalyse den Zusammenhang zwischen den Persönlichkeitsvariablen sowie transformationaler und transaktionaler Führung untersuchten. Dabei wurden die beschriebenen Dimensionen der Big Five Faktoren mit Variablen des transformationalen und transaktionalen Führungsstiles in Verbindung gebracht. Es konnten wiederum nur schwache Korrelationen der Big Five Faktoren mit transformationaler Führung festgestellt werden. Die Dimension Extraversion $(\rho = .24)$ konnte als Einzige als positiver Indikator zur Voraussage des transformationalen Führungsstiles herangezogen werden. Die Varianzen bei intellektueller Stimulierung (5% und 6%) sowie individueller Mitarbeiterorientierung (4%) waren bei den Big Five Faktoren noch geringer als angenommen. Es konnte jedoch festgestellt werden, dass Charisma mit 12% ein wichtiger Faktor in der Wahrnehmung transformationalen Führungsverhaltens ist. Extraversion, Offenheit und Verträglichkeit spiegeln dieses am Stärksten wieder (ρ=.21-.24).

Obwohl der Einfluss der persönlichkeitsbezogenen Ansätze (Trait Approach) nicht allein für eine Ableitung von idealem Führungsverhalten herangezogen werden kann, so kann dieser dennoch Hinweise dafür liefern, welche Eigenschaften förderlich und hilfreich sein können, dass sich Führungskräfte in Richtung transformationalem

Führungsverhalten entwickeln. Extraversion und Gewissenhaftigkeit werden deutliche positive Zusammenhänge mit dem Führungserfolg nachgewiesen. Neurotizismus steht in negativem Zusammenhang (ρ= -.17) mit Führungserfolg (Vgl. Judge et al., 2002, S. 765).

Abschließend und zusammenfassend kann festgehalten werden, dass die Persönlichkeit Einfluss auf den Führungserfolg hat, diesen jedoch nicht ausschließlich erklären kann (Vgl. Nerdinger et al., 2014, S. 87–88).

Tabelle 3: Meta-Analysis of the relationship between the Big Five Personality Traits and Leadership (Quelle: Nerdinger et al., 2014, S. 88, zitiert nach Judge et al, 2002, S. 771)

Persönlichkeitseigenschaften	Führungserfolg		
	K	N	r
Neurotizismus	48	8028	-.24
Extraversion	60	11705	.31
Offenheit für Erfahrung	37	7221	.24
Verträglichkeit	42	9801	.08
Gewissenhaftigkeit	35	7510	.28

k Anzahl der Korrelationen; N Zahl der Untersuchten, r korrigierte durchschnittliche Korrelationen

2.3.2 Effekte kognitiver Fähigkeiten / Intelligenz

Basierend auf den Forschungen von Bass bezüglich der Persönlichkeitseigenschaften, konnten Korrelationen zwischen Intelligenz sowie der transformationalen Führung festgestellt werden. Der Kontextfaktor Intelligenz wird dazu in folgende 3 Gruppen unterschieden (Bass, 2002, S. 110):

- kognitive Intelligenz
- soziale Intelligenz
- emotionale Intelligenz

Deren Zusammenhang lässt sich wie folgt beschreiben: „Emotional intelligence is the ability to use your emotions to help you solve problems and live a more effective life. Emotional intelligence without intelligence, or intelligence without emotional intelligence, is only part of the solution. The complete solution is the head working with the heart." (Orme, 2001, S. 7)

In einer Studie von Hater und Bass (1988, S. 695–702) wurde eine Korrelation kognitiver Intelligenz sowie Schulbildung auf Maturaniveau festgestellt. Dabei wurde vor allem ein Zusammenhang zwischen Schulbildung, sowie den Skalen *Charisma* und *inspirierende Motivation* ($\rho.13$ bis .16) aus dem MLQ festgestellt. In weiteren Studien, wurde bei Seekadetten und Kadetten aus dem Militärdienst Intelligenztests durchgeführt, um bei diesen die Anwendung transformationaler Führung vorherzusagen. Jedoch konnten keine statistisch relevanten Korrelationen festgestellt werden. Dies führten Hater und Bass jedoch auf fehlende Skalen kognitiver Fähigkeiten in den angewendeten Intelligenztests zurück. Sie merkten zudem an, dass dieser Bereich stärker untersucht werden müsse, um die Vorhersehbarkeit der transformationalen Führung zu ermöglichen und postulierten diesbezüglich: „A wider range of cognitive capabilities may be needed to obtain significant correlations with transformational leader behaviour". (Bass, 2002, S. 110)

Judge, Colberg und Illies (2004, S. 542–552) führten eine metaanalytische Überprüfung von über 150 empirischen Untersuchungen durch, die den Zusammenhang von Führungserfolg und Intelligenz des Führers untersuchten. Sie konnten ebenfalls nur einen moderaten Zusammenhang zwischen diesen beiden Faktoren feststellen ($\rho=.27$). Als Ursache dafür erwägten die Autoren, dass es weniger auf die absolute Höhe der Intelligenz der Führungskraft ankommt, sondern vielmehr darauf, dass diese in Bezug auf die gestellten Aufgaben intelligenter ist, als die direkt Geführten. Persönlichkeitseigenschaften die in Kapitel 2.3.1 genannt wurden, spielen ebenfalls eine signifikante Rolle.

2.3.3 Weiterbildung als Kontextbedingung

„Leaders [..] are a combination of two schools of thought: they are born and made" (Conger, 1992, S. 33)

Die ursprüngliche Annahme, dass Leader geboren und nicht geformt werden, wird heute als widerlegt angesehen. Am heutigen Stand der Forschung herrscht Einigkeit darüber, dass kaum ein Mensch zum Leader geboren wird (Vgl. Bruch et al., 2012, S. 323). Aktuelle Forschungen beschreiben, dass transformationale Führung nur zu einem gewissen Teil auf dispositionelle Ursachen zurückzuführen ist. Sie schreiben den im gesellschaftlichen sowie unternehmerischen Umfeld erworbenen Kompetenzen eine erhöhte Gewichtigkeit zu. Bono und Judge (2004, S. 906) postulieren sogar: „transformational leadership can be learned". Die Tatsache, dass sie davon ausgehen, dass transformationale Führung erlernt werden kann, öffnet neue Möglichkeiten für Unternehmen in Trainings und Weiterbildungen zu investieren, um dieses Führungsverhalten zu fördern und zu verankern.

Empirische Forschungen beschäftigen sich aktuell mit der Evaluierung von Methoden (Fallstudien, Rollenspiele) oder Settings (Coaching, Trainings in Bezug auf Verhalten und Kommunikation) die angewendet werden müssen, um eine effiziente Vermittlung des transformationalen Führungsstiles zu vermitteln. Damit soll sichergestellt werden, dass dieser auch in der Praxis umgesetzt werden kann (Vgl. Felfe, 2006a, S. 172).

Barling wies in einer Studie mit Führungskräften einer kanadischen Bank (N=20) nach, dass durch eine Kombination aus Einzelcoaching und Workshop eine Verbesserung des transformationalen Führungsstiles bewirkt werden konnte (Vgl. Barling et al., 1996, S. 827–832). In Bezug auf die Trainingsmethoden betonen Barling, Weber & Kalloway (1996, S. 827–832) wie wichtig es ist, dass es einen Nachweis über die Trainierbarkeit und Methoden gibt. Eine gezielte Verwendung des transformationalen Führungsstiles wäre ansonsten eingeschränkt, wenn es keinen Nachweis darüber gibt, dass dieser nicht geschult und trainiert werden kann.

In einer weiteren Studie von Kelloway, Barling und Helleur (2000, S. 145–149), die mit Führungskräften (N=40) durchgeführt wurde, konnten ebenfalls Verbesserungen des Führungsverhaltens nach Führungskräftetrainings nachgewiesen werden. Interessant an dieser Studie war, dass der Fokus auf die Wirksamkeit von Workshops und Beratungsgesprächen gelegt war, für die es 4 unterschiedliche Kontrollgruppen gab. Durchliefen die einen Workshops, die andere individuelle Beratungsgespräche, eine Gruppe beide Maßnahmen sowie die Kontrollgruppe keine, war am Ergebnis spannend, dass es keine merklichen Unterschiede zwischen den trainierten Gruppen, jedoch einen extremen zur Kontrollgruppe gab. Die Autoren postulieren, dass unter Anbetracht der Tatsache, dass kein Unterschied der Trainingsmaßnahme festzustellen war, der Trainingsfokus auf ökonomische Faktoren gelegt werden soll und kann, um mit Hilfe von Workshops kosteneffektiv eine breite Masse von Führungskräften anzusprechen.

2.3.4 Macht als Kontextbedingung

„Führung steht in einem Naheverhältnis zu Macht und Einfluss. Macht bedeutet die Möglichkeit, auf das Handeln anderer einzuwirken bzw. diese zu beeinflussen." (Kirchler, 2011, S. 415)

Die gezielte Einflussnahme auf Mitarbeiter ist ein Aspekt von Führung, um die organisationalen Ziele zu erreichen. Jedoch ist Macht durch eine asymmetrische Interaktionsbeziehung gekennzeichnet, in der die Mittel der Austauschpartner ungleich verteilt sind (Vgl. Fischer/Wiswede, 2009, S. 547).

Mit dem Begriff Macht wird die Fähigkeit einer Person beschrieben auf andere Menschen in einer bestimmten und gewünschten Form Einfluss zu nehmen. Folgen von Machtausübung im Sinne der Beeinflussung sind jedoch nicht nur in negativer Form von Reaktanz und Widerstand bemerkbar, diese können sich auch positiv auf die Leistungsbereitschaft oder Commitment der Mitarbeiter auswirken. Dabei spielt gerade die Art und Weise, wie Führungskräfte auf ihre Geführten Einfluss nehmen eine wichtige Rolle. Macht beruht auf unterschiedlichen Grundlagen, weshalb Yukl (2002,

S. 143) Macht in unterschiedliche Typologien (Tabelle 4) klassifiziert. Die Entstehung dieser Typologien von Macht geht auf French und Raven (1959) zurück.

Inhaltliche Unterschiede der Kategorien sind darin zu finden, dass sich die Effekte der Positionsmacht aus der hierarchischen Position in der Organisation ableiten lassen, hingegen die Personalmacht (Wissen, Beziehungsgestaltung) auf die eigenen Kompetenzen zurückzuführen sind (Vgl. Kirchler, 2011, S. 415).

Tabelle 4: Quellen der Macht (Quelle: Yukl, 2002, S.143)

POSITION POWER	PERSONAL POWER
Positionsmacht (legetimate power)	Identifikationsmacht (referent power)
Belohnungsmacht (reward power)	Expertenmacht (expert power)
Bestrafungsmacht (coercive power)	
Informationsmacht (information power)	

Jede Form der Macht kann mit den unterschiedlichsten Mitteln realisiert werden, welche in Abbildung 6 dargestellt sind.

Yukl und Falbe (1991, S. 416–423) leiteten aus einer Studie ab, dass im Gegenteil zur *Positionsmacht* die *Legitimationsmacht, Expertenmacht* sowie *Überzeugungsmacht* einen großen Effekt und positiven Einfluss auf Commitment und Leistung haben. In einer Replikationsstudie wurde die Bedeutung der personalen Macht bestätigt. Ein wertschätzender Umgang mit den Geführten stellte sich als signifikanter Machterfolg heraus. Ferner wurde auch die Bedeutung von Kontextfaktoren, welche in Tabelle 5 erläutert werden, belegt (Vgl. Yukl et al., 1996, S. 309–317).

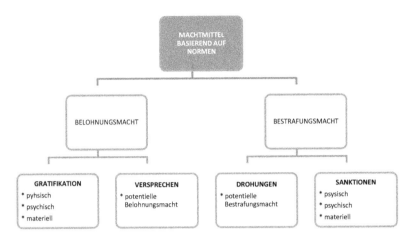

Abbildung 6: Differenzierung von Machtmitteln (Quelle: Fischer & Wiswede, 2002, zitiert nach: Kals, Gallenmüller-Roschmann, 2011, S. 90)

Einflussstrategien der Führungskraft als behaviorale Prädikatoren der transformationalen Führung, wurde in weiteren Studien genauer betrachtet (Vgl. Blickle, 2003, S. 4–12). Yukl und Tracey (1992, S. 525–535) untersuchten in einer Studie unterschiedlichste Einflussfaktoren (Tabelle 4), auf deren (positiven) Effekt hinsichtlich der Machtausübung. Sie leiteten aus ihrer Studie ab, dass es für erfolgreiche Führungskräfte wichtig ist, über ein breites Repertoire dieser Einflussfaktoren zu verfügen. Wichtig dabei ist jedoch die Fähigkeit, diese individuell und situativ anzuwenden. Betrachtet man Beispielsweise Einflussstrategien die einen negativen Effekt auf die Geführten haben, bewirken *druck machen, Koalitionsbildung* und *Legitimierungstaktiken,* dass ein verstärktes Misstrauen entsteht, sowie Widerstände auftreten. Gerade die Einflussstrategie *druck machen* wird zudem eher bei den eigenen Mitarbeitern eingesetzt, als gegenüber Vorgesetzten oder gleichgestellten Kollegen. Als erfolgreichste Einflussstrategien stellten sich *rationale Überzeugung, Konsultation* und *inspirierende Appelle* heraus (Vgl. Yukl/Tracey, 1992, S. 525–535).

Tabelle 5: Einflussstrategien der Führung (in Anlehnung an Yukl & Tracey, 1992, S. 526)

PROAKTIVE EINFLUSSSTRATEGIEN UND IHRE BEDEUTUNG	
Einflussstrategie	**Erläuterung**
Rationale Überzeugung	Überzeugung durch begründete Argumente, Fakten und die Erklärung von Zusammenhängen
Inspirierende Appelle	Appelle und Vorschläge die Begeisterung wecken, weil auf wünschenswerte Ideale, Ziele und Bestrebungen hingewiesen wird, oder die Selbstsicherheit gestärkt wird
Konsultation	Beteiligung durch Ideen und Ratschläge bei der Planung einer Strategie, Aktivität, weil die Unterstützung des Empfängers gewünscht ist
Schmeicheln	Schmeicheln, freundliches und unterstützendes Verhalten, um einen Empfänger in eine positive Stimmung zu versetzen und Vertrauen in seine Fähigkeiten auszudrücken
Persönlicher Appelle	Appelle an die persönliche Loyalität oder Freundschaft, um Zustimmung zu einem Vorschlag zu erhalten
Austausch	In Aussicht stellen einer Erfolgsbeteiligung, z.B. durch den Austausch von Gefälligkeiten und Anerkennung, oder das Teilen eines erwarteten Gewinns
Koalitionsbildung	Unterstützung anderer, z.B. höherer Vorgesetzter einholen, um eigene Vorstellungen besser durchsetzen zu können
Legitimierungstaktik	Rechtfertigung eines Vorschlags durch Berufung auf eine Autorität, Ableitung eigener Ansprüche aus der Politik oder den Regeln, Praktiken oder der Kultur einer Organisation
Druck machen	Durchsetzung von Interessen durch häufiges Nachfragen und Kontrollieren sowie Ausübung von Druck

Blickle führte 2003 (S. 4–12) eine umfassende Studie durch, bei welcher er einen Zusammenhang von *rationalem Argumentieren* und der Motivierung der Mitarbeiter, von *Schmeicheln* und wahrgenommener Sympathie, *druck machen* und Bildung von

Reaktanz sowie *Einsetzen höherer Instanzen* um empfundenen Misstrauen, feststellen konnte.

2.3.5 Zusammenfassung

Dass Führer geboren und nicht gemacht werden, konnte bereits 1992 durch Conger (S. 33) belegt werden. Die Führungsforschung beschäftigte sich folgend in den letzten Jahren mit den unterschiedlichsten Moderatoren und Betrachtungswinkeln transformationaler Führung und der Förderung dieser. Spielt einerseits *Charisma* mit 12% eine wichtige Rolle, in der Wahrnehmung transformationalen Führungsverhaltens, konnte in weiteren Studien festgestellt werden, dass persönlichkeitsbezogene Ansätze nicht allein für eine Ableitung von idealem Führungsverhalten herangezogen werden können. Wurde den Big Five Faktoren *Extraversion* sowie *Gewissenhaftigkeit* ein positiver Zusammenhang mit Führungserfolg nachgewiesen, konnte ebenfalls ein moderater Zusammenhang zwischen *Intelligenz* und Führungserfolg festgestellt (*.27*) werden.

Forschungen hinsichtlich der Methodik und Settings, wie das transformationale Führungsverhalten am besten trainier- und erlernbar ist, finden derzeit verstärkt statt. Workshops sowie Einzelcoachings konnten als effektive Trainingsmaßnahmen festgestellt werden. Unter Anbetracht der Tatsache, dass jedoch kein Unterschied bezüglich der Effektivität der Trainingsmaßnahmen festzustellen war, sollte hinsichtlich ökonomischer Faktoren der Fokus auf Workshops gelegt werden. Dies fördert einerseits Kosteneffektivität und andererseits die Ansprache einer breiten Masse von Führungskräften.

Hinsichtlich des Kontexts der Machtausübung konnte festgestellt werden, dass dieser nicht nur Reaktanz hervorrufen, sondern auch die Anwendung des transformationalen Führungsstiles unterstützen kann. Verzichten Führungskräfte auf das Ausüben von *Druck, Koalitionsbildung* und *Legitimierungstaktiken*, wird Misstrauen seitens der Geführten minimiert. Yukl und Falbe (1991, S. 416–423) leiteten aus einer Studie ab, dass im Gegenteil zur *Positionsmacht die Legitimationsmacht, Expertenmacht* sowie

Überzeugungsmacht einen großen Effekt und positiven Einfluss auf Commitment und Leistung haben.

3.   Empirischer Teil

3.1   Fragestellung und Hypothesen

In diesem Abschnitt werden einerseits die Zielsetzung dieser Masterthesis, die zu beantwortenden Forschungsfragen, sowie die abgeleiteten Hypothesen vorgestellt, zusammengefasst und grafisch dargestellt, um einen Gesamtüberblick zu erhalten. Die Methodik (3.2) sowie die Ergebnisse der quantitativen Forschung werden in Kapitel 4. vorgestellt. Weiters folgt eine Zusammenfassung und Diskussion dieser Ergebnisse in Kapitel 5., worauf ausführlich auf Implikationen für die Praxis in Kapitel 6. eingegangen wird. Final folgt ein Resümee mit Ausblick in Kapitel 6.5.

3.1.1   Zielsetzung und Forschungsfragen

In den letzten Jahren fanden zahlreiche Studien dazu statt, die die Vorteile von trans-formationaler Führung für Mitarbeiter und Unternehmen empirisch belegen. Es scheint jedoch die Umsetzung dieses Führungsstiles auf Hindernisse zu treffen, die Führungskräfte massiv darin einschränken diesen im geschäftlichen Kontext auch anzuwenden und zu leben (Vgl. Judge/ Piccolo, 2004, S. 755–768; Felfe, 2006a, S. 163 – 176).

Dass es unterschiedliche Kontextbedingungen gibt, die Einfluss auf Führungskräfte und das Leben des transformationalen Führungsstiles haben, wurde in Anlehnung an vorgestellte Studien und Metaanalysen hinsichtlich Moderatoren und Kontextbedingungen aufgezeigt (Judge/Piccolo, 2004; Barrick/Mount, 1993; Kelloway et al., 2000). Das Ziel dieser Arbeit ist es zu evaluieren, ob und welchen Einfluss die Kontextbedingungen der *Persönlichkeit, kognitive Fähigkeiten, aktive Weiterbildung* sowie das *Machtmotiv* auf Führungskräfte in Vorarlberg, hinsichtlich der Implementierung des transformationalen Führungsstiles im Führungsverhalten, nehmen.

Es wird der Frage nachgegangen, welche Kontextbedingungen Führungskräfte dabei fördern oder behindern, den transformationalen Führungsstil im Führungsalltag anzuwenden. Die durchgeführte Studie soll unterstützend in der Evaluation von

Einflussfaktoren sein, weshalb wieder neuester Studien, hinsichtlich Erhöhung von Arbeitsmotivation und Wirtschaftlichkeit durch transformationale Führung, diese nicht angewendet, sondern im Gegenteil der transaktionale Führungsstil gelebt und praktiziert wird (Vgl. Steinle et al., 2008, S. 108).

Ist zu erkennen dass, wie aus der Theorie abgeleitet, bestimmte Kontextfaktoren Einfluss nehmen, die die Anwendung des transformationalen Führungsstiles fördern? Ferner wird betrachtet, welche kausalen Zusammenhänge diese auf die Anwendung des transformationalen Führungsverhaltens nehmen, sowie werden Implikationen aus den Erkenntnissen für die Praxis gezogen.

Die gewonnenen Erkenntnisse sollen dazu beitragen, eine weitere Forschungslücke in der Führungsforschung hinsichtlich Kontextbedingungen zu schließen, sowie neue Themen zu evaluieren, die für weitere Forschungen herangezogen werden können. Die Erkenntnisse sollen dazu dienen, Konzepte auszuarbeiten, die Unternehmen und deren Führungskräfte dabei unterstützen ein transformationales Führungsverhalten in der Praxis zu leben und nachhaltig zu implementieren.

Aus dem vorangegangen Theorieteil kristallisierten sich folgende Forschungsfragen heraus und wurden in Hypothesen (3.1.2) abgeleitet, welche nachfolgend untersucht und beantwortet werden:

Fragestellung 1:

Welche Kontextbedingungen fördern Führungskräfte in Vorarlberg, dass diese den transformationalen Führungsstil anwenden und umsetzten?

Fragestellung 2:

Wie können Führungskräfte in Vorarlberg dabei gefördert werden, den transformationalen Führungsstil im Führungsverhalten zu implementieren?

3.1.2 Hypothesen

Die Untersuchungshypothesen gliedern sich in 4 Gruppen, welche sich aus dem Theorieteil ableiten. Abbildung 7 zeigt eine Übersicht der Zusammenhangs- sowie Forschungshypothesen um den Überblick zu erleichtern (Vgl. Schwetz et al., 2013, S. 37).

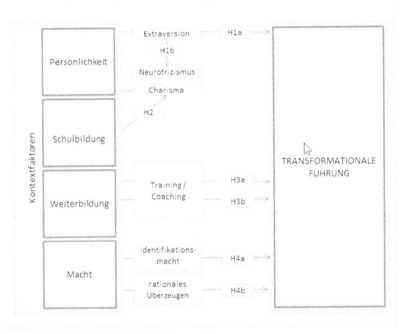

Abbildung 7: Grafische Darstellung des Untersuchungsmodells mit Hypothesen (Quelle: eigene Darstellung)

In H1a und H1b werden Effekte der Persönlichkeit (2.3.1) betrachtet. In Studien und Metaanalysen von Bono und Judge (2000; 2004) konnten nur schwache Zusammenhänge zwischen *Persönlichkeitseigenschaften* sowie transformationalen Führungsverhalten festgestellt werden. *Extraversion* beeinflusst diesen jedoch positiv (ρ=0.24), sowie wurde *Neurotizismus* (ρ=-.17) in negativen Zusammenhang mit Führungserfolg gebracht. Charisma wurde als wichtiger Faktor für die Wahrnehmung transformationalen Führungsverhaltens identifiziert, weshalb folgende Hypothesen abgeleitet werden:

H1a: *Je höher die Kontextbedingung der Extraversion bei Führungskräften ausgeprägt ist, desto stärker wird der transformationale Führungsstil angewendet.*

H1b: *Bei transformationalen Führungskräften ist die Kontextbedingung von Extraversion stärker ausgeprägt als die Kontextbedingung von Neurotizismus*

In H2, H3a und H3b werden Effekte von *Bildung* und *Weiterbildung* untersucht. Eine umfangreiche metaanalytische Untersuchung (Judge et al., 2004, S. 110) konnte zwischen Intelligenz und Führungserfolg einen moderaten Zusammenhang ($\rho=.27$) feststellen. Dabei wurde vor allem ein Zusammenhang zwischen *Schulbildung* und *Charisma* ($\rho.13$ *bis* $.16$) aus dem MLQ festgestellt, weshalb folgende Hypothese abgeleitet wird:

H2: *Je höher die Schulbildung, desto stärker sind charismatische Eigenschaften ausgeprägt.*

Bezüglich dem Kontextfaktor der *Weiterbildung* besteht nach heutigem Forschungsstand die Annahme, dass transformationale Führung erlernt werden kann (Vgl. Bruch et al., 2012, S. 323). Kalloway, Barling und Helleur (2000, S. 145–149) belegen in aktuellen Forschungen, dass eine Verbesserung des Führungsverhaltens in Richtung transformationaler Führung durch *Coachings, Trainings* erreicht werden konnte. Deshalb werden folgende Hypothesen abgeleitet:

H3a:. *Weiterbildung steht in positivem Zusammenhang mit transformationaler Führung.*

H3b:. *Je häufiger Führungskräftetrainings absolviert werden, umso stärker wird der transformationale Führungsstil angewendet.*

Final werden in H4a und H4b untersucht, welche Effekte die Kontextbedingung *Macht* auf die Anwendung des transformationalen Führungsstiles bei Führungskräften nimmt. Werden negative Effekte und Reaktanz bei der Machtausübung gerade der *Positionsmacht* oder der *Bestrafungsmacht* zugesprochen, konnten positive Effekte wie Commitment und Leistungsbereitschaft der Mitarbeiter den Typologien der *Personalmacht* nachgewiesen werden (Vgl. Yukl et al., 1996, S. 309–317). Hierbei werden im speziellen die *Identifikationsmacht* sowie die *Expertenmacht* angesprochen. Bedeutende Kontextfaktoren sind dabei die unterschiedlichsten Einflussstrategien, wobei *druck machen* den stärksten negativen Effekt auf Reaktanz und Misstrauensbildung gegenüber der Führungskraft hat.

In Anlehnung an die vorgestellten Metaanalysen in Kapitel 2.3.4 werden folgende Hypothesen abgeleitet:

H4a: *Identifikationsmacht steht in positivem Zusammenhang mit transformationalem Führungsverhalten.*

H4b: *Je stärker „rationales Überzeugen" als Führungstool angewendet wird, desto höher ist das transformationale Führungsverhalten.*

3.2 Methode

In diesem Kapitel werden folgend das Untersuchungsdesign (3.2.1), der Pretest (3.2.2), die Stichprobenkonstruktion (3.2.3) sowie die Datenanalyse und Aufbereitung (3.2.4) beschrieben um folgend die Ergebnisse in Abschnitt 4. darzustellen und in final in Kapitel 5. zusammenzufassen und zu diskutieren.

3.2.1 Untersuchungsdesign

Bei der vorliegenden Untersuchung handelt es sich um eine Querschnittuntersuchung, sowie um ein quantitatives Forschungsdesign. In diesem werden Führungskräfte aus den unterschiedlichsten Hierarchiestufen aus Klein, Mittelständischen und Großunternehmen im privatwirtschaftlichen Raum von Vorarlberg per E-Mail angesprochen an der beigefügten Umfrage teilzunehmen. Diese sollen in dieser eine Selbsteinschätzung über ihr persönliches Führungsverhalten abgeben, sowie Faktoren benennen, die Sie im Führungsalltag behindern. In der E-Mail befindet sich ein Link zu einer Onlineumfrage, welche anonymisiert und mit Hilfe des kostenlosen Services von https://surveymonkey.net erstellt und im Zeitraum vom 13.08.15 – 31.08.15 durchgeführt wurde. Die Beantwortung des Fragebogens nimmt ca. 10 Minuten in Anspruch. Die Kürze der Umfrage soll Führungskräfte verstärkt dazu anregen, an der Umfrage teilzunehmen. Das E-Mail an die Führungskräfte sowie der komplette Fragebogen befinden sich im Anhang.

Die Antwortitems aus dem Fragebogen wurden in Anlehnung an den MLQ (Bass/Avolio, 1995), anderen Modellen, die nachfolgende beschrieben werden, oder selbst entworfen. Die Datenerhebung erfolgt mittels eines standardisierten Fragebogens, bestehend aus 57 Items. Davon sind 56 geschlossene und eine offene Frage, welche als Statements formuliert wurden. Bis auf die offene Fragestellung, welche sich auf die Evaluation von Kontextbedingungen bezieht, die Führungskräfte im Führungsalltag unterstützen würden, sind keine Mehrfachnennungen möglich. Für die folgende Untersuchung, werden nur jene Antwortskalen herangezogen, die für die Beantwortung der Forschungsfragen oder Hypothesen relevant sind. Die Fragestellungen sind in 5 Rubriken unterteilt. Die Rubriken der Persönlichkeit sowie Macht sind in weitere Unterkategorien unterteilt:

- Demografische Faktoren
- Persönlichkeit (Extraversion, Neurotizismus, Charisma)
- Schulbildung
- Weiterbildung
- Macht (Personalmacht, Identifikationsmacht, Druck, rationales Überzeugen)

Die Zustimmung oder Ablehnung zu den jeweiligen Statements erfolgte anhand einer vierstufigen Skala mit den Antwortmöglichkeiten:

- „trifft nicht zu"
- „trifft selten zu"
- „trifft überwiegend zu"
- „trifft zu"

Für die weitere Darstellung der Antwortskalen wurden die Kategorien „trifft zu" sowie „trifft überwiegend zu" zu einer Skala zusammengefasst. Diese dient zur Identifikation von „trifft zu". Die Kategorien „trifft nicht zu" und „trifft selten zu" wurden ebenfalls zusammengefasst und zur Identifikation von „trifft nicht zu" als Antwortskala herangezogen. Wie nachfolgend detailliert beschrieben, wurden für die Operationalisierung transformationaler Führung ebenfalls die Items „trifft zu" sowie „trifft überwiegend zu" zusammengefasst. Die einheitliche Skalierung dient der Erhöhung der Vergleichbarkeit der Werte. Für die Berechnung der Werte wurde die 4-stufige Antwortskala herangezogen, damit Korrelationsanalysen durchgeführt werden können.

Im Rahmen der Testung der Hypothesen und Fragestellungen werden die zu den einzeln untersuchten Dimensionen zu Gesamtwerten zusammengefasst. Die Mittelwerte stellen kumulierte Werte, der Antwortitems dar. Die Reliabilität der gebildeten Skalen wird mittels des Cronbach's Alpha als Maßzahl überprüft. Grundsätzlich gilt, dass je höher das Cronbach's Alpha, desto höher die Reliabilität der Skala ist. Maximal kann der Wert von 1 erreicht werden. In der Operationalisierung der Umfrage wurde davon ausgegangen, dass ab einem Wert von $\alpha = {>}0{,}5$ eine sinnvolle Addierung der einzelnen Items zu einer zuverlässigen Gesamtskala zulässig ist.

In Tabelle 6 sind die Erhebungsinstrumente sowie die Reliabilitäten (Cronbachs Alpha Werte) der einzelnen Dimensionen veranschaulicht. Bis auf dieIdentifikationsmacht sowie Expertenmacht kann weisen die Dimensionen auf akzeptable bis gute Werte hin.

Transformationale Führung sowie die in Kapitel 2.3 beschriebenen Kontextfaktoren werden wie nachfolgend beschrieben operationalisiert.

Tabelle 6: Reliabilitätsanalyse der Skalen; Anzahl der Befragten Items, Cronbach´s Alpha Werte, N=86 (Quelle: eigene Darstellung)

Skala	Items	α
Transformationale Führung	7	0,690
Persönlichkeit	11	0,730
Extraversion	5	0,614
Neurotizismus	6	0,649
Charisma	4	0,727
Weiterbildung	6	0,620
Macht	10	0,358
Identifikationsmacht	2	0,054
Expertenmacht	2	0,281
„druck machen"	3	0,703
Rationales Überzeugen	3	0,564
Unterstützung im Führungsalltag	7	0,698

Transformationale Führung.

Auf die Implementierung des gesamten MLQ wurde in der Umfrage verzichtet. Um eine Kategorisierung transformationaler Führungskräfte in der Analyse der Ergebnisse, sowie zur Beantwortung der Forschungsfragen und Hypothesen dennoch vornehmen zu können, wurden der Fragenblock zu Charisma aus dem Multifaktor Leadership Questionnaire (MLQ-5X) von Bass/ Avolio (1995) in der deutschen adaptierten Version von Felfe (2006b, S. 61–78) vollständig entnommen. Forschungen von Bono und Judge (2000, 2004) identifizieren Charisma (M=2.81/ SD=1.10/ α=.92) als wichtigen Faktor für transformationales Führungsverhalten, weshalb dieses herangezogen wurde. Ebenfalls wurden Fragestellungen aus dem Fragebogen verwendet, die zur Operationalisierung der Dimensionen transformationaler Führung - Idealized Influence, Inspirational Motivation, Intellecutal Stimulation sowie Individualized Consideration - dienen (Vgl. Felfe, 2006a, S. 165). Die Inhalte wurden dazu aus den Dimensionen übernommen, sowie sprachlich zur Selbstbeurteilung angepasst. Die Dimensionen transformationaler Führung nach Felfe und deren Beispielitems (2006a, S. 165), sowie die zur Operationalisierung verwendeten Fragen aus der durchgeführten Umfrage, sind in Tabelle 7 dargestellt. Für die finale Auswertung wurden nur die Fragebögen herangezogen, welche in den genannten Dimensionen, sowie bei der gesamten Skala Charisma mit „trifft zu" sowie „trifft überwiegend zu" geantwortet haben. Die Erweiterung um die Kategorisierung „trifft überwiegend zu" wurde deshalb getroffen, um eine adäquate Schätzwertgenauigkeit des Kennwertes der Grundgesamtheit zu erhalten (Vgl. Atteslander, 2010, S. 281). Die Reliabilität der Skala transformationale Führungsraft ist mit $\alpha = 0,690$ über dem benötigten Wert von 0,5.

Tabelle 7: Dimension transformationaler Führung nach Felfe sowie operationalisierte Fragen der Umfrage (Quelle: eigene Darstellung in Anlehnung an Dimensionen transformationaler Führung, Mediatoren und Erfolgskriterien, Felfe, 2006a, S. 165)

Dimensionen transformationaler Führung nach Felfe und Beispielitems sowie operationalisierte Fragestellungen der Umfrage			
Dimensionen TF nach Felfe	Beispielitem nach Felfe	Verwendetes Item aus dem Fragebogen der Umfrage	Frage Nr.
Idealized Influence	-Spricht mit anderen über ihre wichtigsten Überzeugungen und Werte	Ich spreche mit meinen Mitarbeitern über meine wichtigsten Überzeugungen und Werte	F16h
Inspirational Motivation	Spricht mit Begeisterung über das, was erreicht werden soll	Ich spreche mit Begeisterung über das was erreicht werden soll	F16i
Intellecutal Stimulation	Bringt mich dazu, Probleme aus verschiedenen Blickwinkeln zu betrachten	Es ist mir wichtig mein Wissen und meine Fähigkeiten mit meinen Mitarbeitern zu teilen, damit diese sich weiterentwickeln können	F16a

Individualized Consideration	Hilft mir, meine Stärken auszubauen	Es ist mir wichtig mein Wissen und meine Fähigkeiten mit meinen Mitarbeitern zu teilen, damit diese sich weiterentwickeln können	F16a

Persönlichkeit

Faktoren der Persönlichkeit wurden in Anlehnung an das Fünf-Faktoren-Modell der Persönlichkeit von Borkenau and Ostendorf (1993) erfragt. Die Konstruktion der Skala erfolgte in Anlehnung an die Faktoren von Neurotizismus und Extraversion. Bei Neurotizismus werden die Ausprägungen von Nervosität, Unsicherheit und Ängstlichkeit und bei Extraversion Geselligkeit, Herzlichkeit, Personenorientiertheit, Aktivität und Gesprächigkeit abgefragt. Beispielitems für Neurotizismus sind: „Ich bin in Situationen unter Zeitdruck ruhig und gelassen" oder „Ich fühle mich den täglichen Herausforderungen im Führungsalltag gewachsen". Die Skala Extraversion umfasst insgesamt 5, sowie das Item Neurotizismus 6 Antwortitems. Die interne Konsistenz der Skala Persönlichkeit beträgt $\alpha = 0{,}730$, was als gut bezeichnet werden kann. Die Reliabilitäten von Neurotizismus ($\alpha = 0{,}649$) sowie Extraversion ($\alpha = 0{,}614$) einzeln betrachtet, sind ebenfalls als noch zufriedenstellend zu werten.

Charisma

Charisma wurde wie bereits in Kapitel 3.2.1 beschrieben aus dem MLQ entnommen und als Indikator für transformationale Führung herangezogen. Beispielitems sind: „Ich vermag andere durch meine Persönlichkeit zu beeindrucken und zu faszinieren", „Ich bin für meine Mitarbeiter so wichtig, dass sie den Kontakt zu mir suchen / pflegen". Die Skala umfasst insgesamt 4 Items und ihre interne Konsistenz beträgt $\alpha = 0{,}727$.

Schulbildung

In Anlehnung an die Studie von Hater und Bass (1988, S. 695–702), in welcher eine Korrelation zwischen kognitiver Intelligenz sowie Schulbildung festgestellt wurde, orientiert sich diese Skala an den demografischen Faktoren der Führungskräfte. In

Frage 3 des Fragebogens wird der höchst erreichte Bildungsgrad erhoben, welcher für die weitere Operationalisierung herangezogen wird.

Weiterbildung

In dieser Skala wird die Bereitschaft zur Weiterbildung durch 6 Items sowie die Häufigkeit der Teilnahme an Weiterbildungsmaßnahmen erfragt. Diese wurden des Weiteren in Persönlichkeitsentwicklung sowie fachliche Entwicklung unterschieden. Diese Skala wurde selbst erstellt. Die Reliabilität betrug $\alpha = 0,620$.

Macht

Die Skalen zur Messung der Identifikationsmacht und der Expertenmacht wurden in Anlehnung an die 4 Dimensionen transformationaler Führung (Vgl. Felfe, 2006a, S. 165), die Einflussstrategien druck machen und rationales Überzeugen, in Anlehnung an Blickles (2003, S. 4–12) Einflussstrategien erstellt. Ein Beispielitem für Identifikationsmacht lautet: „Es ist mir wichtig, mein Wissen und meine Fähigkeiten mit meinen Mitarbeitern zu teilen, damit diese sich weiterentwickeln können" oder für Expertenmacht, welches revers codiert wird: „Ich behalte gerne mein Fachwissen für mich, da mir dies strategische Vorteile verschafft." Die Machtmotive wurden mit je 2 Items erhoben.

- Die Einflussstrategie *druck machen* wurde mit 3 Items erhoben. Ein Beispielitem lautet: „Ich kontrolliere meine Mitarbeiter, um mich zu vergewissern, dass die Arbeit auch wirklich erledigt wird."
- *Rationales Überzeugen* wurde mittels 3 Items evaluiert. Diese wurden in Anlehnung an Einflussstrategien der Führung erhoben. Ein Beispielitem lautet hier: „Ich formuliere überzeugende Zukunftsvisionen".

Die Reliabilität des Machtmotives ($\alpha = 0,358$), der Identifikationsmacht ($\alpha = 0,054$) sowie der Expertenmacht ($\alpha = 0,281$) befinden sich unter der dem festgelegten Wert von >0,5, damit die Skalen als reliabel gelten. Rationales überzeugen ($\alpha = 0,564$) weist jedoch einen ausreichenden Wert auf, „druck machen" ($\alpha = 0,703$) kann als gut bezeichnet werden.

3.2.2 Pretest

Im Vorfeld wurde ein Pretest mit 4 Führungskräften durchgeführt, um den Fragebogen im Hinblick auf Verständlichkeit, Praktikabilität des Fragebogens und der Skalierung, Unklarheiten sowie kritische Anregungen zu überprüfen. Es ergaben sich jedoch lediglich geringfügige Modifikationen, da die gewählten Statements und Fragestellungen, sowie die Skalierung im Allgemeinen sehr gut verständlich waren.

3.2.3 Stichprobenkonstruktion

Für die Umfrage wurden gezielt 54 Personen per E-Mail angeschrieben, die entweder Inhaber eines Unternehmens oder Führungskraft in einem KMU oder Großunternehmen in Vorarlberg sind. Ebenfalls wurden die Umfrage gezielt an sämtliche Mitarbeiter im Unternehmen der Autorin (N=483) versendet. Einerseits wurden darin die Mitarbeiter gebeten, den Link zur Umfrage im privaten und geschäftlichen Umfeld zu distribuieren. Dies sollte zu einer Erhöhung der Teilnahmebereitschaft der angeschriebenen Personen an der Umfrage führen, da dadurch die Anfrage personalisiert wird. Zudem wurden alle Führungskräfte gebeten, an der Umfrage teilzunehmen.

Bei der Auswahl der Führungskräfte aus den privaten Kontakten wurde darauf geachtet, dass diese in den unterschiedlichsten Hierarchiestufen, in KMU´s oder Großunternehmen in ganz Vorarlberg beschäftigt sind und selbst über ein gutes Netzwerk verfügen, um die Reliabilität der Stichprobe zu erhöhen. Zudem wurde darauf geachtet, dass diese eher (nach Einschätzung der Autorin) dem transformationalen Führungsstil zuzuordnen sind, um eine möglichst hohe Grundgesamtheit zu erhalten, den Fragestellungen und Forschungsfragen nachgehen zu können und signifikante Ergebnisse zu erhalten. Auf Grund der Anonymisierung der Umfrage kann im Nachgang jedoch nicht mehr vollumfänglich festgestellt werden, wer die Führungskräfte waren und in welchem Unternehmen diese beschäftigt sind.

Über die Wirtschaftskammer Vorarlberg wurde zudem der Personalleiterkreis sämtlicher Vorarlberger Unternehmen angesprochen, mit der Bitte um Weiterleitung der Umfrage an deren Ansprechpersonen. Dies sollte zu einer ganzheitlichen

Betrachtung sowie Erhöhung der Stichprobe und Reliabilität beitragen. Diese Anfrage wurde abgelehnt.

3.2.4 Datenanalyse und -Aufbereitung

Die mittels der Onlineumfrage durch Surveymonkey erhobenen Daten, wurden in IBM SPSS Statistics Version 23 exportiert, sowie die Datenaufbereitung, durchgeführt.

An der Umfrage nahmen gesamt 128 Personen teil, von denen jene Personen in die Berechnung einbezogen wurden die:

- die Umfrage vollständig ausgefüllt haben
- in KMU´s oder Großunternehmen in Vorarlberg beschäftigt sind
- zum Umfragezeitpunkt selbst Führungskraft sind und mindestens einen Mitarbeiter haben

Insgesamt konnten nach den ob genannten Ausschlusskriterien 86 Fragebögen für die Auswertung herangezogen werden. Die Berechnung der Reliabilität, Signifikanzen, Mittelwerte (Angabe der aufsummierten Mittelwerte der Antwortskalen), Standardabweichungen, Kreuztabellen, Chi²-Tests, T-Tests und Regressionsanalysen wurde mittels IBM SPSS Version 23 durchgeführt. Des Weiteren wurden Ergebnisse und Grafiken mittels Excel 2010 dargestellt.

Im ersten Schritt der Auswertung wurde eine Fallzusammenfassung durchgeführt, um eine Aussage hinsichtlich der allgemeinen Verteilung der Daten zu erhalten, sowie um die Verteilung transformationaler sowie nicht transformationaler Führungskräfte, nach den in Kapitel 3.2.1 definierten Kriterien, festzustellen (Vgl. Martens, 2003, S. 47). Für die Auswertung dieser Daten wurde einerseits die deskriptive Statistik sowie andererseits Kreuztabellen angewendet, da diese ideal die Zusammenhänge zwischen den nominal- und ordinalskalierten Variablen darstellen (Vgl. Schwetz et al., 2013, S. 65). Durch den Chi²-Test wird die Signifikanz der Kreuztabellen berechnet. Weitere Assoziationsmaße werden nicht herangezogen.

Verstärkt wird im empirischen Teil die Reliabilitätsanalyse sowie der T-Test bei unabhängigen Stichproben durchgeführt. Mit Hilfe von Regressionsanalysen werden zudem lineare Zusammenhänge von einem abhängigen Merkmal, sowie einer oder mehreren unabhängigen Merkmalen berechnet (Vgl. Atteslander, 2010, S. 268ff). Nachstehende Werte beschreiben die Kategorisierung des verwendeten Signifikanzniveaus (Vgl. Atteslander, 2010, S. 281):

- $p \leq 0{,}05$: **signifikant** (Irrtumswahrscheinlichkeit kleiner als 5 %)
- $p \leq 0{,}01$: **sehr signifikant** (Irrtumswahrscheinlichkeit kleiner als 1 %)
- $p \leq 0{,}001$: **höchst signifikant** (Irrtumswahrscheinlichkeit kleiner als 1 ‰)

Mit Hilfe der Korrelationsanalyse wird zusätzlich untersucht, ob und welche Faktoren einen erhöhten Zusammenhang aufweisen (Vgl. Atteslander, 2010, S. 266). Dies soll Indikationen für die Beantwortung der Forschungsfrage 1, sowie weitere Forschungen geben.

Hinsichtlich der Mittelwerte muss festgehalten werden, dass die vorliegenden Werte die addierte Summe sämtlicher in der Kategorie befindlichen Items darstellen (Tabelle 13).

4. Ergebnisse

4.1 Statistische Auswertung und Darstellung der Ergebnisse

In diesem Kapitel werden die Stichprobe (4.2) und die Ergebnisse zu den zwei Forschungsfragen und den Hypothesen (4.3, 4.4) beschrieben. Diese enthalten bereits erste Interpretationen, die im strengen Sinne in die Ergebnisdiskussion vorwegreifen. Dies basiert darauf, die Verständlichkeit zu erhöhen.

Die eigentliche Ergebnisinterpretation und Diskussion findet in Kapitel 5.1 statt. Hier werden die zentralen Ergebnisse herausgearbeitet und final zusammengefasst um in Kapitel 6. einen relevanten Praxisbezug abzuleiten.

4.2 Stichprobenbeschreibung

Führungskräfte-Stichprobe gesamt: N=128 / nach Bereinigung N=86 davon transformational N=46 (53,5%) in der Region Vorarlberg

Von den 54 gezielt angeschrieben Personen, nahmen 19 an der Umfrage teil. Dies entspricht einer Rücklaufquote von 35,2%. Über den anonymisierten Web-Link partizipierten weitere 109 Führungskräfte. Nach Bereinigung der in 3.2.4 genannten Parameter umfasste die endgültige Stichprobe 86 Führungskräfte aus Klein- und Mittelständischen Betrieben sowie Großunternehmen der Region Vorarlberg. Davon sind, nach den in Kapitel 3.2.1 definierten Parametern 53,5% als transformationale Führungskräfte zu kategorisieren. Der hohe Wert ist darauf zurückzuführen, dass bei den persönlich angeschriebenen Führungskräften darauf geachtet wurde, dass diese nach Einschätzung der Autorin, eher dem transformationalen Führungsstil zuzuordnen sind. 30,2% der Führungskräfte waren in KMU´s sowie 69,8% in Großunternehmen zum Zeitpunkt der Umfrage beschäftigt. Von den befragten Personen waren 22,1% weiblich und 77,9% männlich. Bei den weiblichen Führungskräften waren 63,2%, bei den männlichen 50,7% als transformational zu kategorisieren. Die meisten Führungskräfte, die an der Umfrage teilgenommen haben, waren zwischen 41 und 50 Jahren alt. In dieser Alterskategorie waren zudem 54,3% der Führungskräfte als transformational zu kategorisieren. Es war lediglich eine Führungskraft über 60 Jahre. Diese war als nicht transformational zu kategorisieren.

Die Betrachtung der Verteilung der soziodemografischen Stichprobenmerkmale hinsichtlich der Schulbildung stellt sich wie folgt dar. 12,8% (davon 3,5% TF) hatten einen Hauptschulabschluss, sowie 20,9% eine Abschluss an einer berufsbildenden höheren Schule. Davon waren 16,3% transformationale Führungskräfte. 65,1% der befragten Führungskräfte hatten mindestens einen Maturaabschluss und davon insgesamt 47,7% einen akademischen Abschluss, wovon 25,6% als transformationale Führungskräfte zu identifizieren waren. Lediglich 1 Person gab „Sonstige" an, welche jedoch nicht transformational war. Betrachtet man die Skala der berufsbildenden höheren Schule ist festzustellen, dass von den 20,9% der Führungskräfte 16,3% als transformational zu kategorisieren waren. Dies entspricht lediglich einer Differenz von

4,6%. Ebenfalls eine hohe Korrelation zwischen transformationalen Führungskräften und Bildungsniveau ist beim höchst erreichten Bildungsgrad der Promotion festzustellen. Hier sind 2,3% von insgesamt 3,5% der Führungskräfte als transformational zu kategorisieren, was 65,7% entspricht.

Tabelle 8: Soziodemografische Merkmale der Stichprobe (N=86) (Quelle: eigene Darstellung)

Merkmal	Ausprägung	Transformational nein	Transformational ja	Gesamt	Gesamt
		%	%	%	Anzahl
Geschlecht	Männlich	38,4%	39,5%	77,9%	67
	Weiblich	8,1%	14,0%	22,1%	19
Alter	Unter 20	0,0%	0,0%	0,0%	0
	21-30	3,5%	4,7%	8,1%	7
	31-40	18,6%	19,8%	38,4%	33
	41-50	18,6%	22,1%	40,7%	35
	51-60	4,7%	7,0%	11,6%	10
	über 60	1,2%	0,0%	1,2%	1
Schulbildung	Hauptschulabschluss	9,3%	3,5%	12,8%	11
	berufsbildende höhere Schule	4,7%	16,3%	20,9%	18
	Matura/Abitur	7,0%	10,5%	17,4%	15
	Bachelor	4,7%	1,2%	5,8%	5
	Master bzw. Magister	11,6%	14,0%	25,6%	22
	Diplom	7,0%	5,8%	12,0%	11
	Promotion	1,2%	2,3%	3,5%	3
	Sonstige	1,2%	0,0%	1,2%	1
Berufliche Ausbildung	Lehre/ Ausbildung	9,3%	11,6%	21,0%	18
	Meisterprüfung	5,8%	5,8%	11,6%	10
	Studium an einer Fachakademie o.Ä.	2,3%	5,8%	8,1%	7
	Fachhochschulabschluss	12,8%	9,3%	22,1%	19
	Universitätsabschluss	10,5%	10,5%	20,*%	18
	Sonstige	5,8%	10,5%	16,3%	14
Hierarchiehöhe	Mittleres Management	38,4%	34,9%	73,3%	63
	Topmanagement (oberste Führungsebene)	4,7%	7,0%	11,6%	10
	Geschäftsführung	3,5%	5,8%	9,3%	8
	Inhaber	0,0%	5,8%	5,8%	5
	Vorstand	0,0%	0,0%	0,0%	0
Unternehmensbereich	KMU	10,5%	19,8%	30,2%	26
	Großunternehmen / Konzern	36,0%	33,7%	69,8%	60
Gesamt		46,5%	53,5%	100,0%	86

Das berufliche Ausbildungsniveau der Stichprobe stellt sich wie folgt dar. 21,0% Führungskräfte hatten eine Lehre, 11,6% eine Meisterprüfung, 8,1% absolvierten ein Studium an einer Fachakademie, 22,1% hatten einen Fachhochschul- sowie weitere 20,0% einen Universitätsabschluss. 16,3% der Führungskräfte gaben „Sonstige" an. 51,1% der Führungskräfte hatten einen akademischen Abschluss. Davon waren lediglich 9,3% der Fachhochschulabsolventen, sowie 10,47% der Universitätsabsolventen als transformational zu kategorisieren. Über die Hälfte der Führungskräfte, die ein Studium an einer Fachakademie oder Ähnliches absolviert hatten, waren hingegen als transformational zu kategorisieren.

Die Teilnehmer der Studie bekleideten Führungspositionen auf den unterschiedlichsten hierarchischen Ebenen. 73,3% waren im mittleren Management beschäftigt, 11,6% im Topmanagement, 9,3% in der Geschäftsleitung, sowie waren 5,8% selbst Inhaber eines Unternehmens. Betrachtet man die Werte hinsichtlich transformational und nicht transformational ist festzustellen, dass die Verteilung bei den Führungskräften im mittleren Management bei knapp 50% liegt. In der Skala Topmanagement (60,2%) sowie Geschäftsführung (62,5%) waren mehr Führungskräfte transformational als nicht transformational. In der Kategorie Inhaber, waren 100% der Führungskräfte als transformational zu kategorisieren.

30,2% waren in Klein- und Mittelständischen Unternehmen tätig, 69,8% in Großunternehmen und Konzernen. Diese Organisationen waren zudem unterschiedlichster Größenordnungen. 55,8% der Führungskräfte arbeiteten in Unternehmen zwischen 501 und 5000 Mitarbeitern, davon sind genau die Hälfte als transformational zu kategorisieren (27,9%). Den höchsten Anteil an transformationalen Führungskräften hinsichtlich der Gesamtmitarbeiter war bei der Antwortmöglichkeit *Mitarbeiteranzahl bis 10* festzustellen. Hier waren 8,1% von insgesamt 10,5% als transformational zu kategorisieren, was insgesamt 77,8% der Führungskräfte dieser Antwortskala darstellt.

4.3   Ergebnisdarstellung zu den Fragestellungen

Zur methodischen Bearbeitung der ersten Fragestellungen wurden die Kontextfaktoren der *Persönlichkeit* (Extraversion, Neurotizismus), *kognitive Fähigkeiten* (welcher anhand des demografischen Faktors der Schulbildung operationalisiert wird - „Welchen Schulabschluss haben Sie"), *Weiterbildung* sowie *Macht* (Identifikationsmacht, Expertenmacht, „Druck" und „rationales Überzeugen") herangezogen. Mittels Reliabilitätsanalysen wird die Reliabilität der Skalen berechnet, mittels deskriptiver Statistiken beschrieben.

Mit Hilfe der Korrelationsanalyse wurden die Zusammenhänge und Signifikanz der Dimensionen berechnet, um festzustellen ob Korrelationen nach Pearson zwischen den Skalen sowie transformationaler Führung bestehen (Vgl. Atteslander, 2010, S. 265-266). Der Korrelationskoeffizient nach Pearson ist im Bereich von $-1 \leq 0 \leq 1$ definiert. Ein negatives Vorzeichen von r ist gleichbedeutend mit einem negativen Zusammenhang sowie ein positives Vorzeichen mit einem positiven Zusammenhang. Folgende Abstufung wird in der vorliegenden Untersuchung verwendet. In der nachstehenden Tabelle 9, werden die Klassifizierung, sowie die verbale Beschreibung der Korrelationskoeffizienten dargestellt (Vgl. Bühl, 2011, S. 420)

Tabelle 9: verbale Beschreibung der Korrelationskoeffizienten (Quelle: eigene Darstellung in Anlehnung an Bühl, 2011, S. 420)

Wert	Verbale Beschreibung
bis 0,2	sehr geringe Korrelation
bis 0,5	geringe Korrelation
bis 0,7	mittlere Korrelation
bis 0,9	hohe Korrelation
über 0,9	sehr hohe Korrelation

Die Kreuztabelle wurde einerseits verwendet um die Häufigkeitsverteilung transformationaler Führungskräfte in den einzelnen Dimensionen darzustellen. Der Chi²-Test (x^2-Test) wurde herangezogen um die Signifikanz der Kreuztabellen zu berechnen (Vgl. Atteslander, 2010, S. 285).

4.3.1 Korrelationsanalyse sämtlicher Skalen mit transformationalem Führungsverhalten

Die Analyse der Korrelationskoeffizienten nach Pearson zeigt, dass sich, bis auf Weiterbildung (0,039), der Expertenmacht (0,078) sowie „druck machen" (-0,017) starke positive, sowie hoch signifikante Zusammenhänge mit transformationalem Führungsverhalten erkennen lassen.

Signifikante Zusammenhänge finden sich bei Extraversion (0,223*), welches ein Kontextfaktoren der Persönlichkeit darstellt. Ebenfalls konnten hoch signifikante Zusammenhänge beim Kontextfaktor Macht (0,317**) identifiziert werden. Hierbei wiesen die Identifikationsmacht (0,287**) sowie das rationale Überzeugen (0,391**) starke signifikante Zusammenhänge auf. Transformationale Führungskräfte weisen eine hohe bis sehr hohe Korrelation mit den Kontextfaktoren der Persönlichkeit und Macht aufweisen. Dies heißt, dass eine starke Ausprägung hinsichtlich dieser Faktoren einen positiven Einfluss hinsichtlich transformationalem Führungsverhalten hat. Jedoch ist diese Korrelation sehr vorsichtig zu interpretieren, da Antwortskalen der Identifikationsmacht sowie des rationalen Überzeugens für die Operationalisierung transformationaler Führung herangezogen wurden.

Die unterschiedlichen Dimensionen werden von den transformationalen Führungskräften ähnlich wahrgenommen. Neurotizismus sowie Expertenmacht, wurden im theoretischen Teil (Kapitel 2.3.1) als negativer Einfluss auf transformationales Führungsverhalten abgeleitet. Dazu konnten im empirischen Teil keine signifikanten Werte festgestellt werden, weshalb diese Annahme nicht bestätigt werden kann. Zwischen den Kontextfaktoren Weiterbildung und Identifikationsmacht (0,291**) konnte mittels der Korrelationsanalyse ein hoch signifikanter Zusammenhang festgestellt werden.

Wie aus Tabelle 6 ersichtlich, weisen bis auf die Identifikationsmacht (α= 0,054) sowie die Expertenmacht (α= 0,281) sämtliche Kontextfaktoren, ausreichend hohe Cronbachs Alpha Werte auf, die eine Interpretation der Werte erlauben. Nachfolgend werden sämtliche Skalen und deren Ergebnisse dargestellt, um ferner in Kapitel 4.

interpretiert zu werden. Die Prüfung der Anwendungsvoraussetzungen (Prüfung der Reliabilität, Normalverteilung) erlaubte in den dargestellten Fällen die Durchführung des Verfahrens.

Tabelle 10: Korrelationsanalyse sämtlicher Skalen der Untersuchung mit transformationaler Führung (Quelle: eigene Darstellung)

Korrelationsanalyse nach Person		transformationale Führung	Persönlichkeit	Extraversion	Neurotizismus	Charisma	Weiterbildung	MachtGesamt	Identifikationsmacht	Expertenmacht	druckmachen	rationales überzeugen
transformationale Führung	Korr. n. P.	1	,198	,223*	,117	,794**	,039	,317**	,287**	,078	-,017	,391**
	Signifikanz (2-seitig)		,068	,039	,281	,000	,722	,003	,007	,477	,876	,000
Persönlichkeit	Korr. n. P.	,198	1	,828**	,865**	,369**	,068	,280**	,268*	,093	-,094	,421**
	Signifikanz (2-seitig)	,068		,000	,000	,000	,536	,009	,013	,394	,388	,000
Extraversion	Korr. n. P.	,223*	,828**	1	,434**	,376**	,013	,201	,222*	,028	-,116	,377**
	Signifikanz (2-seitig)	,039	,000		,000	,000	,907	,063	,040	,795	,288	,000
Neurotizismus	Korr. n. P.	,117	,865**	,434**	1	,257*	,097	,270*	,232*	,124	-,048	,338**
	Signifikanz (2-seitig)	,281	,000	,000		,017	,374	,012	,032	,256	,662	,001
Charisma	Korr. n. P.	,794**	,369**	,376**	,257*	1	,194	,398**	,290*	,211	-,028	,449**
	Signifikanz (2-seitig)	,000	,000	,000	,017		,074	,000	,007	,051	,797	,000
Weiterbildung	Korr. n. P.	,039	,068	,013	,097	,194	1	,235*	,291**	-,011	,016	,268*
	Signifikanz (2-seitig)	,722	,536	,907	,374	,074		,029	,006	,920	,886	,012
MachtGesamt	Korr. n. P.	,317**	,280**	,201	,270*	,398**	,235*	1	,337**	,444**	,614**	,523**
	Signifikanz (2-seitig)	,003	,009	,063	,012	,000	,029		,002	,000	,000	,000
Identifikationsmacht	Korr. n. P.	,287**	,268*	,222*	,232*	,290*	,291**	,337**	1	-,073	-,168	,383**
	Signifikanz (2-seitig)	,007	,013	,040	,032	,007	,006	,002		,506	,121	,000
Expertenmacht	Korr. n. P.	,078	,093	,028	,124	,211	-,011	,444**	-,073	1	,115	-,061
	Signifikanz (2-seitig)	,477	,394	,795	,256	,051	,920	,000	,506		,291	,574
druckmachen	Korr. n. P.	-,017	-,094	-,116	-,048	-,028	,016	,614**	-,168	,115	1	-,163
	Signifikanz (2-seitig)	,876	,388	,288	,662	,797	,886	,000	,121	,291		,134
rationales Überzeugen	Korr. n. P.	,391**	,421**	,377**	,338**	,449**	,268*	,523**	,383**	-,061	-,163	1
	Signifikanz (2-seitig)	,000	,000	,000	,001	,000	,012	,000	,000	,574	,134	

*. Die Korrelation ist auf dem Niveau von 0,05 (2-seitig) signifikant.
**. Die Korrelation ist auf dem Niveau von 0,01 (2-seitig) signifikant.

4.3.2 Persönlichkeitseigenschaften

Extraversion (N=86 / TF=46 / α=0,614 / M=12,59 / SD=1,804 / ρ=0,039)

Abbildung 8 zeigt eine Übersicht der Antworten zu den Fragen der Skala Extraversion sowie die % Verteilung transformationaler Führungskräfte (N=46). Die interne Konsistenz ist mit α=0,614 als zufriedenstellend sowie als signifikant (ρ=0,039) zu bezeichnen. Die Korrelationsanalyse nach Pearson zeigt zwischen den Skalen Extraversion sowie transformationalen Führungskräften eine hohe Signifikanz auf dem 2-seitigen Niveau von 0,01.

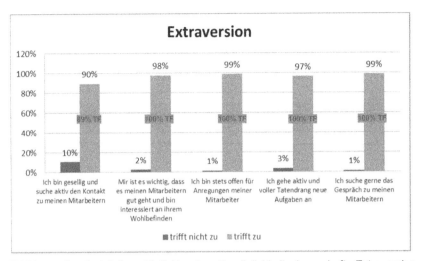

Abbildung 8: deskriptive Statistik der Persönlichkeitseigenschaft Extraversion (Quelle: eigene Darstellung); N=86; TF=transformationale Führungskräfte / Basis 100% aller „trifft zu" sowie „trifft teilweise zu" Antworten von N=46

84,9% sämtlicher Führungskräfte (N=86) haben eine positive Übereinstimmung mit der Antwortskala Extraversion. Ausgehend von 100% der transformationalen Führungskräfte (N=46) entspricht dies 89,10%. Lediglich bei 10,9% der Führungskräfte die dem transformationalen Führungsstil zuzuordnen sind, war keine Übereinstimmung mit Extraversion festzustellen.

Betrachtet man die einzelnen Fragen der Dimension Extraversion, ist ersichtlich, dass lediglich beim Item „Ich bin gesellig und suche aktiv den Kontakt zu meinen Mitarbeiter" 10,9% der transformationalen Führungskräfte der Skala „trifft nicht zu" zuzuordnen sind. Bei den restlichen Items findet eine 100%ige Übereinstimmung statt.

Neurotizismus (N=86 / TF= 46 / α = 0,649 / M=13,67/ SD=2,02 / ρ=0,281)

Die Korrelationsanalyse nach Pearson zeigt zwischen den Skalen Neurotizismus sowie transformationalen Führungskräften keine Korrelation (,117) sowie ist die Dimension als reliabel zu bezeichnen.

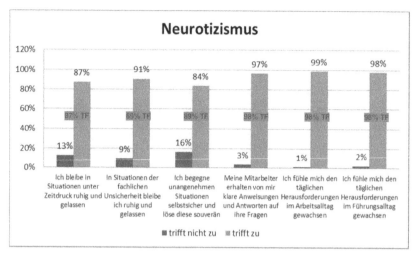

Abbildung 9: deskriptive Statistik der Persönlichkeitseigenschaft Neurotizismus; N:86; TF=transformationale Führungskräfte / Basis 100% aller „trifft zu" sowie „trifft teilweise zu" Antworten von N=46; (Quelle: eigene Darstellung)

Die in Abbildung 9 dargestellte Übersicht der Antwortskalen zu Neurotizismus zeigt auf, dass diese Kontextbedingung über die unterschiedlichen Items hinweg, stark ausgeprägt ist. Betrachtet man sämtliche transformationale Führungskräfte (N=46 /53% von Gesamt N=86), bei welchen eine Korrelation mit Neurotizismus festgestellt werden konnte, sind sogar Werte zwischen 87% und 97,8% festzustellen. Da die Fragestellungen positiv formuliert wurden (revers codiert), Neurotizismus jedoch negative Faktoren wie Nervosität: „ich bleibe in Situationen unter Zeitdruck stets ruhig und gelassen" (ρ=0,398), Unsicherheit: „Ich begegne unangenehmen Situationen selbstsicher und löse diese souverän (ρ=0,087) und Ängstlichkeit „ich fühle mich den täglichen Herausforderungen im Führungsalltag gewachsen" (ρ=0,523) wiederspiegelt, ist dies dahingehend zu interpretieren, dass Neurotizismus bei den transformationalen Führungskräften in Vorarlberg schwach ausgeprägt ist.

Charisma (N=86 / TF= 46 / α = 0,727 / M=8,34/ SD=1,71 / ρ =0,000)

Abbildung 10 zeigt eine Übersicht der Antwortskalen zu Charisma sowie die % Verteilung transformationaler Führungskräfte (N=46). Aus der Grafik ist zu erkennen, dass 100% der transformationalen Führungskräfte als charismatisch zu kategorisieren sind. Dies Skala ist mit als α = 0,727 reliabel zu bezeichnen, jedoch ist bei der Interpretation der Skala Vorsicht geboten, da diese zur Identifizierung von transformationalem Führungsverhalten herangezogen wurde (siehe Kapitel 3.2.1), weshalb dieser hohe Signifikanzwert (*ρ=0,000*) besteht.

Aus der Grafik geht hervor, dass der %-Anteil in den einzelnen Items von Charisma sehr hoch ist und zwischen 85% und 92% liegt. Die höchste Zustimmung der Führungskräfte hatte mit 92% das Antwortitem „Ich bin für meine Mitarbeiter so wichtig, dass sie den Kontakt zu mir pflegen und suchen zu. Lediglich 8% sämtlicher Führungskräfte stimmten hier nicht zu.

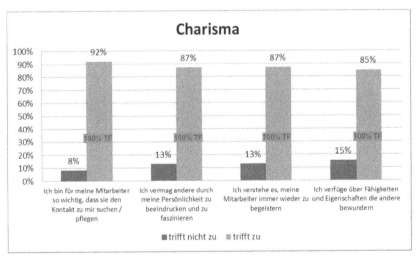

Abbildung 10: deskriptive Statistik der Persönlichkeitseigenschaft Charisma (Quelle: eigene Darstellung); N=86; TF=transformationale Führungskräfte / Basis 100% aller „trifft zu" sowie „trifft teilweise zu" Antworten von N=46

4.3.3 Weiterbildung

Betreffend Weiterbildung (N=86 / TF= 46 / α = 0,620 / M=8,16/ SD=2,44 /ρ=0,722) stellt sich die Stichprobe wie folgt dar. Für 90% der Führungskräfte war es wichtig, sich fortlaufend weiterzubilden, davon waren 52,3% transformational. Betrachtet man die Grundgesamtheit der transformationalen Führungskräfte war es sogar 97,8% wichtig, sich fortlaufend weiterzubilden. Die Signifikanz dieses Items mit ρ=0,013, sowie des Items „Ich besuche regelmäßig fachspezifische Seminare meines Arbeitsbereiches (ρ=0,044) sind als hoch zu sehen.

44% der Führungskräfte besuchten regelmäßig Seminare und Kurse zum Thema Persönlichkeitsentwicklung, davon waren 52,2% transformational. 63,0% der Führungskräfte gaben an, dass diese durch das Unternehmen gefördert werden und an Führungskräftetrainings teilnehmen müssen. Von sämtlichen transformationalen Führungskräften stimmten 58,7% diesem Item zu.

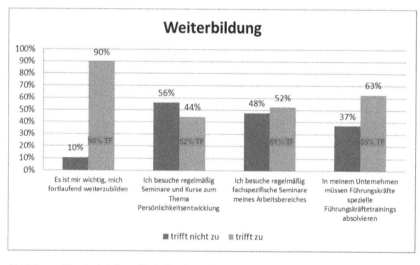

Abbildung 11: deskriptive Statistik des demografischen Faktors der Weiterbildung; N:86; TF=transformationale Führungskräfte / % aller „trifft zu" sowie „trifft teilweise zu" Antworten von N=46 (Quelle: eigene Darstellung)

Betreffend der Häufigkeit von Trainings und Coachings zeigt die Verteilung, dass mit der Häufigkeit von Trainings im Bereich der Persönlichkeitsentwicklung stringent die Anzahl der transformationalen Führungskräfte steigt. Sämtliche Führungskräfte die über 4 Trainings im Jahr absolvieren sind in der vorliegenden Studie als transformational zu kategorisieren.

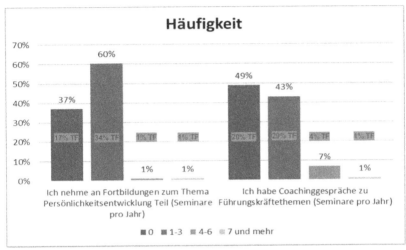

Abbildung 12: deskriptive Statistik des demografischen Faktors der Weiterbildung im Speziellen die Häufigkeit von Trainings; N:86; TF=transformationale Führungskräfte / % aller „trifft zu" sowie „trifft teilweise zu" Antworten von N=86 (Quelle: eigene Darstellung)

4.3.4 Macht

Expertenmacht (N=86 / TF= 46 / α= 0,281 / M=1,42/ SD=1,07 / ρ=0,477)

Der Kontextfaktor Macht (α = 0,358 / M=15,88 / SD=2,55 / ρ=0,003) wird in einzelne Dimensionen aufgeteilt: Expertenmacht, Identifikationsmacht, druck ausüben sowie rationales Überzeugen. So ist hinsichtlich der Expertenmacht festzustellen, dass 63% Führungskräfte ihr Fachwissen mit ihren Mitarbeiter teilen, damit diese ihre Arbeit verrichten können. Diesem Item stimmten lediglich die Hälfte der transformationalen Führungskräfte (54,3%) zu. Ein interessanter Aspekt ist, dass um 4,7% mehr nicht transformationale Führungskräfte auf die Anwendung der Expertenmacht verzichten

65

und ihr Fachwissen mit ihren Mitarbeitern teilen. 45,7% der transformationalen Führungskräfte stimmten sogar zu, dass „ohne ihr Fachwissen, ihre Mitarbeiter nicht in der Lage wären, ihre Arbeit vollumfänglich zu erledigen".

Betrachtet man das Item hinsichtlich „ich behalte mein Fachwissen gerne für mich, da mir dies strategische Vorteile verschafft", ist ersichtlich, dass 99,0% sämtlicher Führungskräfte diesem Item nicht zustimmen (davon 100% TF).

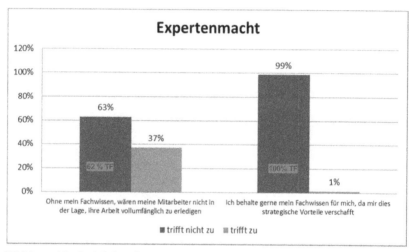

Abbildung 13: deskriptive Statistik der Expertenmacht; N:86; TF=transformationale Führungskräfte / % aller „trifft zu" sowie „trifft teilweise zu" Antworten von N=46 (Quelle: eigene Darstellung)

Die internen Konsistenz der Dimension Expertenmacht ist mit $\alpha=0,281$ als nicht zufriedenstellend zudem als nicht signifikant ($\rho=0,477$) zu bezeichnen. Die Korrelationsanalyse nach Pearson zeigt zudem keine Korrelation zwischen transformationalen Führungskräften und Expertenmacht (r=0,078) auf. Die Dimension kann für die weitere Untersuchung nicht herangezogen werden, da diese die geforderten Werte nicht erreicht.

Identifikationsmacht (N=86 / TF= 46 / α = 0,054 / M=4,99/ SD=0,69 / ρ=0,007)

In der Skala der Identifikationsmacht stimmten 100% der transformationalen Führungskräfte (N=46) beiden Antwortitems zu. Die Kontextbedingung war jedoch nicht nur bei den transformationalen Führungskräften von hoher Wichtigkeit. Betrachtet man die Grundgesamtheit sämtlicher Führungskräfte ist ersichtlich, dass lediglich 2% sämtlicher Führungskräfte den Antwortitems nicht zustimmten.

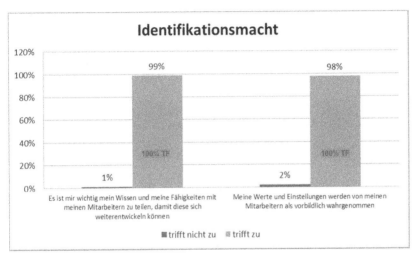

Abbildung 14: deskriptive Statistik der Identifikationsmacht; N:86; TF=transformationale Führungskräfte / % aller „trifft zu" sowie „trifft teilweise zu" Antworten von N=46 (Quelle: eigene Darstellung)

Die Korrelationsanalyse nach Pearson zeigt eine hohe Korrelation (0,287**), zwischen den Skalen transformationalem Führungsstil sowie Identifikationsmacht, zudem besteht ein 2-seitig signifikanter Unterschied (ρ=0,007). Diese Werte sind vorsichtig zu interpretieren, da die Skala der Identifikationsmacht (α=0,424) nicht reliabel ist, jedoch nur knapp unter der geforderten Wert von 0,5 liegt. Zudem wurden Antwortitems der Identifikationsmacht für die Operationalisierung transformationaler Führung herangezogen, was auch in diesem Falle die Korrelation erhöht.

„druck" ausüben (N=86 / TF= 46 / α= 0,703 / M=3,12/ SD=1,80 / ρ=0,876)

Abbildung 15 zeigt eine Übersicht der Antwortskalen zu „druck ausüben" sowie die % Verteilung transformationaler Führungskräfte (N=46). Hierbei ist ersichtlich, dass überwiegend mehr Führungskräfte (N=86) den 3 Fragen nicht zustimmen. So sind beim Antwortitem „ich kontrolliere meine Mitarbeitern um mich zu vergewissern, dass deren Arbeit nach meinen Wünschen erledigt wird", 67,5% die nicht zustimmen. 6,0% der transformationalen Führungskräfte stimmten „ich übe Druck auf meine Mitarbeiter aus, damit diese ihre Arbeit erledigen" zu, sowie trifft bei 37,0% der transformationalen Führungskräfte zu, dass diese „durch ständiges Nachfragen erreichen, dass ihre Interessen wahrgenommen werden. Der überwiegende Teil (63%) stimmte diesem Item nicht zu.

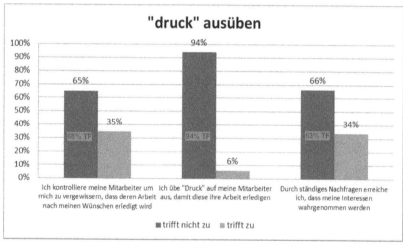

Abbildung 15: deskriptive Statistik der Skala "druck ausüben"; N:86; TF=transformationale Führungskräfte / % aller „trifft zu" sowie „trifft teilweise zu" Antworten von N=46 (Quelle: eigene Darstellung)

Die Reliabilität der Skala (α=0,703) ist als gut zu bezeichnen. Auf Basis der Korrelationsanalyse nach Pearson kann ein negativer Zusammenhang (r=-0,017) jedoch keine 2-seitige Signifikanz (ρ=0,876) festgestellt werden. Die Antwortskala kann folgend nicht herangezogen werden, da diese die geforderten Werte nicht erreicht.

Rationales Überzeugen (N=86 / TF= 46 / α = 0,564 / M=6,36/ SD=2,05 / ρ=0,000)

Abbildung 16 zeigt eine Übersicht der Antwortskalen zu rationalem Überzeugen sowie die % Verteilung transformationaler Führungskräfte (N=46) in den einzelnen Antwortitems. Die interne Konsistenz ist mit α=0,564 als zufriedenstellend sowie als hoch signifikant (ρ=0,000) zu bezeichnen. Die Korrelationsanalyse nach Pearson zeigt zwischen den Skalen rationales Überzeugen sowie transformationaler Führungskräfte eine hohe Signifikanz (0,391**) auf dem Niveau von 0,01.

Betreffend rationaler Überzeugung ist festzustellen, dass 87% der Führungskräfte (N=86) einerseits mit ihren Mitarbeitern über die wichtigsten Überzeugungen und Werte sprechen. 93% (N=86) teilen ihr Fachwissen mit ihren Mitarbeiter und 76% formulieren überzeugende Zukunftsvisionen. 100 % (N=) sämtlicher transformationaler Führungskräfte stimmten den 3 Antwortitems zu.

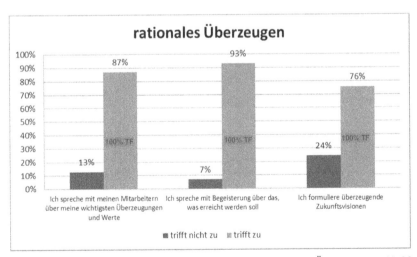

Abbildung 16: deskriptive Statistik der Skala rationales Überzeugen; N=86; TF=transformationale Führungskräfte / % aller „trifft zu" sowie „trifft teilweise zu" Antworten von N=46 (Quelle: eigene Darstellung)

4.3.5 Unterstützende Kontextbedingungen im Führungsalltag

N=86 / TF= 46 / M=3,09/ SD=1,87 / ρ= 0,293)

Die Beantwortung der zweiten Forschungsfrage wurde mittels der Fragestellung aus dem Fragebogen: „Was würde Sie im Führungsalltag unterstützen" operationalisiert. Für die Beantwortung dieser Fragestellung wurden 7 Items als Antwortmöglichkeiten, in Anlehnung an die in Kapitel 2.3 vorgestellten Kontextbedingungen, formuliert. Bei der Beantwortung der Items waren Mehrfachnennungen möglich, sowohl war die Möglichkeit gegeben unter „Sonstiges", selbst Antworten zu formulieren, sofern diese der Ansicht waren, dass Antwortmöglichkeiten fehlten. Insgesamt wurden 209 Antworten (N=86) gegeben, sowie wurden unter „Sonstiges" 4 Antworten durch die Führungskräfte selbst definiert. Diese werden jedoch nicht in die vorliegende Untersuchung mit einbezogen, da die Antworten nicht relevant für die Beantwortung der Forschungsfragen und Hypothesen sind.

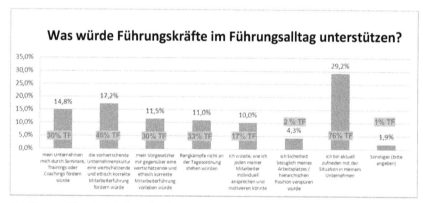

Abbildung 17: deskriptive Statistik der Skala „was würde Führungskräfte im Führungsalltag unterstützen?; N=109; TF=transformationale Führungskräfte / % aller „trifft zu" sowie „trifft teilweise zu" Antworten von N=46 (Quelle: eigene Darstellung)

Überwiegend sind die meisten befragten Führungskräfte mit der aktuell vorherrschenden Situation zufrieden. 14,8 % der Führungskräfte würden sich wünschen, wenn sie durch Seminare & Trainings gefördert würden, davon waren 30,4% transformational. Ähnliche Werte stellten sich auch bei: „mein Vorgesetzter mir gegenüber eine ethisch korrekte Mitarbeiterführung vorleben würde" (17,2%

davon 45,7% TF) dar. Lediglich beim Item „Rangkämpfe nicht an der Tagesordnung stehen würden" konnte ein signifikanter Wert (r=0,218**) berechnet werden. Eine Übersicht der Analyse der Korrelationskoeffizienten nach Pearson sind in Tabelle 11 dargestellt. Ebenfalls konnten weitere signifikante sowie hoch signifikante Zusammenhänge zwischen den unterschiedlichen Antwortitems festgestellt werden, die im Anhang dargestellt sind. Diese sind für die Beantwortung der vorliegenden Forschungsfragen nicht weiter relevant, weshalb diese ferner nicht analysiert und interpretiert werden. Interessant in den vorliegenden Ergebnissen ist, dass der höchste Wert (29,2%) bei der Antwortmöglichkeit mit „ich bin aktuell zufrieden mit der Situation in meinem Unternehmen" ist. Von sämtlichen Führungskräften die dieser Kategorie zustimmten, waren insgesamt 76,1% transformationale Führungskräfte zu identifizieren.

Tabelle 11: Korrelationsanalyse zwischen der Skala transformationaler Führungskräfte sowie Kontextfaktoren die Führungskräfte im Führungsalltag unterstützen (Quelle: eigene Darstellung)

Korrelationsanalyse nach Pearson		Transformationale Führung	mein Unternehmen mich durch Seminare, Trainings	die vorherrschende Unternehmenskultur eine wertschätzende	mein Vorgesetzter mit gegenüber eine wertschätzende und	Rangkämpfe nicht an der Tagesordnung stehen würden	ich wüsste, wie ich jeden meiner Mitarbeiter individuell	ich Sicherheit bezüglich meines Arbeitsplatzes /	ich bin aktuell zufrieden mit der Situation in meinem
transformationale Führungskräfte	Korrelation n.P.	1	-,016	,024	,192	,218*	,078	-,067	,163
	Signifikanz (2-seitig)		,880	,824	,076	,044	,478	,540	,134

4.4 Ergebnisdarstellung zu den Hypothesen

Die zentralen Forschungsfragen der Untersuchung lauteten einerseits „Welche Kontextbedingungen Führungskräfte dabei unterstützen den transformationalen Führungsstil anzuwenden und umzusetzen", sowie „Wie diese dabei unterstützt werden können, dieses Führungsverhalten im Führungsalltag zu implementieren".

Daraus wurden folgende Hypothesen abgeleitet, welche mittels bivariaten Korrelationsanalysen berechnet wurden (Hadler, 2005, S. 67ff). Eine Übersicht der Hypothesen sowie deren Ergebnisse sind in Tabelle 13 dargestellt. Nachfolgend werden die Hypothesen einzeln dargestellt interpretiert.

Tabelle 12: Zusammenfassung der Ergebnisse der Hypothesen der Untersuchung (Quelle: eigene Darstellung)

Hypothesen	Hypothese bestätigt
H1a: Je höher die Kontextbedingung der Extraversion bei Führungskräften ausgeprägt ist, desto stärker wird der transformationale Führungsstil angewendet.	ja
H1b: Bei transformationalen Führungskräften ist die Kontextbedingung von Extraversion stärker ausgeprägt als die Kontextbedingung von Neurotizismus	nein
H2: Je höher die Schulbildung, desto stärker sind charismatische Eigenschaften ausgeprägt.	nein
H3a: Weiterbildung steht in positivem Zusammenhang mit transformationaler Führung.	ja
H3b: Führungskräftetrainings stehen in positivem Zusammenhang mit transformationaler Führung.	nein
H4a: Identifikationsmacht steht in positivem Zusammenhang mit transformationalem Führungsverhalten.	nein
H4b: Je stärker „rationales Überzeugen" als Führungstool angewendet wird, desto höher ist das transformationale Führungsverhalten.	ja

> **Hypothese 1a:** *Je höher die Kontextbedingung der Extraversion bei Führungskräften ausgeprägt ist, desto stärker wird der transformationale Führungsstil angewendet.*

Der Kontextfaktor Extraversion weißt mit $\alpha=0{,}614$ *eine* zufriedenstellende interne Konsistenz auf, sowie ist der Zusammenhang zwischen Extraversion und transformationaler Führung signifikant ($\rho=0{,}039$). Die Korrelationsanalyse nach Pearson beträgt ρ =0,223* und zeigt zwischen den Skalen Extraversion sowie transformationaler Führung eine hohe Signifikanz auf dem Niveau von 0,01.
Somit kann Hypothese 1a angenommen werden.

> **H1b:** *Bei transformationalen Führungskräften ist die Kontextbedingung von Extraversion stärker ausgeprägt als die Kontextbedingung von Neurotizismus.*

In Abbildung 8 und 9 sind die Häufigkeitsverteilungen transformationaler Führungskräfte bei den Kontextfaktoren Extraversion (α=0,614) sowie Neurotizismus (α=0,649) dargestellt. Aus den Ergebnissen ist ersichtlich, dass transformationale Führungskräfte zu 100% der Dimension Extraversion (r=0,223*) zustimmen, bei Neurotizismus (r=0,117) liegen diese Werte niedriger und zwischen 87% und 97%. Um diese Hypothese bestätigen zu können, müsste der Mittelwert der Skala Extraversion signifikant höher sein, als jener von Neurotizismus. Dies konnte in der vorliegenden Untersuchung nicht bestätigt werden sowie sind die vorliegenden Werte zu Neurotizismus nicht signifikant. Hypothese 1b kann nicht angenommen werden.

> **H2:** *Je höher die Schulbildung, desto stärker sind charismatische Eigenschaften ausgeprägt*

Die Korrelationsanalyse nach Person stellt einen negativen Zusammenhang (r=-0,026) zwischen Schulbildung sowie Charisma fest. Hinsichtlich der Schulbildung konnten keine signifikanten Werte berechnet werden, lediglich für Charisma (ρ=0,000) weshalb, Hypothese 2 verworfen wird.

> **H3a:.** *Weiterbildung steht in positivem Zusammenhang mit transformationaler Führung.*

97,8% aller transformationaler Führungskräfte war die Thematik der Weiterbildung wichtig. Die interne Konsistenz dieser Dimension ist mit α = 0,586 aus ausreichend zu bezeichnen. Die Korrelationsanalyse nach Pearson zeigt für die Skala der Weiterbildung keine Signifikanz. Jedoch kann mittels des Chi-Quadrat-Tests eine ausreichende Signifikanz von 0,011 für die Items: „Es ist mir wichtig, mich fortlaufend weiterzubilden", sowie „ich besuche regelmäßig fachspezifische Seminare meines Arbeitsbereiches", berechnet werden. Hypothese 3a kann bestätigt werden.

> **H3b:.** *Führungskräftetrainings stehen in positivem Zusammenhang mit, transformationaler Führung.*

Abbildung 12 zeigt eine parallele Steigerung von transformationalem Führungsverhalten mit der Häufigkeit der Durchführung von Trainings im Bereich der Persönlichkeitsentwicklung. Bei den Items „Ich nehme an Fortbildungen zum Thema Persönlichkeitsentwicklung" (ρ=0,573) oder „Ich habe Coaching Gespräche zu Führungskräftethemen" (ρ=0,700) ist kein signifikanter Zusammenhang mit transformationalem Führungsverhalten zu erkennen. Deshalb muss Hypothese 3b verworfen werden.

> **H4a:** *Identifikationsmacht steht in positivem Zusammenhang mit transformationalem Führungsverhalten.*

Für den Kontextfaktor der Identifikationsmacht wird der Zusammenhang mit transformationalem Führungsverhalten bestätigt. Es ist eine Korrelation auf dem Niveau von 0,01 (r=0,287**), welche hoch signifikant ist, festzustellen. Es ist anzumerken, dass die hohe Reliabilität darauf zurückzuführen ist, dass Antwortitems der Identifikationsmacht für die Operationalisierung transformationaler Führung herangezogen wurden. Obwohl die Skala über eine hohe Signifikanz verfügt, liegt jedoch der Wert der Reliabilität weit unter dem geforderten Wert. Deshalb muss die Hypothese verworfen werden.

> **H4b:** *Je stärker „rationales Überzeugen" als Führungstool angewendet wird, desto höher ist das transformationale Führungsverhalten.*

Die Skala „rationales Überzeugen" verfügt über eine ausreichende Reliabilität. Abbildung 16 (α=0,564) verdeutlicht, dass 100% der transformationalen Führungskräfte der Dimension zustimmen. Es ist eine Korrelation auf dem Niveau von 0,01 (r=0,391**), welche hoch signifikant ist, festzustellen. Diese hohe Signifikanz ist jedoch vorsichtig zu interpretieren, da für die Operationalisierung von TF Antwortitems des rationalen Überzeugens herangezogen wurden. Hypothese 4b wird angenommen.

5. Zusammenfassung und Diskussion der Ergebnisse

In Kapitel 5 werden zunächst die Ergebnisse zu den zwei Fragestellungen und Hypothesen interpretiert und zusammenfassend beantwortet. In Abschnitt 5.2 wird die Stichprobenkonstruktion in der empirischen Untersuchung kritisch reflektiert. Kapitel 6. widmet sich den Implikationen für Theorie und Praxis, die sich aus dem theoretischen sowie empirischen Teil der vorliegenden Arbeit ableiten lassen. Abschließend folgt ein Fazit in Kapitel 6.5 sowie ein Ausblick über empirische Arbeiten und praktische Anwendungen.

5.1 Interpretation und Diskussion der Ergebnisse der Forschungsfragen und Hypothesen

Nachstehend werden sämtliche Untersuchungsergebnisse in einer Übersicht dargestellt, um anschließend Fragestellung 1 und 2 zu interpretieren und zu diskutieren. Dabei werden sämtliche in Kapitel 4.3 vorgestellten Kontextfaktoren gesondert betrachtet.

5.1.1 Fragestellung 1

Fragestellung 1:
Welche Kontextbedingungen wirken auf Führungskräfte in Vorarlberg ein, dass diese den transformationalen Führungsstil anwenden und umsetzten?

Nachfolgend werden in Tabelle 13 sämtliche Ergebnisse der Untersuchung hinsichtlich Kontextfaktoren dargestellt um die Lesbarkeit für die nachfolgenden Erläuterungen zu erhöhen.

Tabelle 13: Übersicht der Ergebnisse der empirischen Untersuchung; Anzahl Items, Cronbachs Alpha, Mittelwert, Standardabweichung, Signifikanz, Korrelationskoeffizient nach Pearson (Quelle: eigene Darstellung)

Skala	Items	α	M	SD	ρ	Korrelation nach Pearson
Transformationale Führung	7	0,690	15,53	2,4	0,000	1
Persönlichkeit	11	0,730	26,27	3,24	0,068	0,198
Extraversion	5	0,614	12,59	1,80	0,039	0,223*
Neurotizismus	6	0,649	13,67	2,02	0,281	0,117
Charisma	4	0,727	8,34	1,71	0,000	0,794**
Weiterbildung	6	0,586	8,16	2,44	0,722	0,039
Macht	10	0,358	15,88	2,55	0,003	0,317**
Identifikationsmacht	2	0,054	4,99	0,69	0,007	0,287**
Expertenmacht	2	0,281	1,42	1,07	0,477	0,780
„druck machen"	3	0,703	3,12	1,80	0,876	-0,170
Rationales Überzeugen	8	0,564	6,36	2,05	0,000	0,391**
Unterstützung im Führungsalltag	7	0,698	3,09	1,87	0,293	0,168

Persönlichkeitseigenschaften Extraversion / Neurotizismus / Charisma

Hinsichtlich der Kontextfaktoren Extraversion und Neurotizismus zeigte sich erwartungsgemäß, dass Extraversion in einem positiven Zusammenhang mit transformationaler Führung steht.

Die Abbildung 8 und 9 zeigen die Persönlichkeitseigenschaften Extraversion und Neurotizismus des 5 Fünf-Faktoren Modells der Persönlichkeit nach Borkenau & Ostendorf (Vgl. Nerdinger et al., 2014, S. 88, zitiert nach Judge et al, 2002, S. 771). Wie in Kapitel 2.3.1 beschrieben, konnte Extraversion in Metaanalysen als einziges als positiver Indikator für transformationales Führungsverhalten herangezogen werden. Neurotizismus hingegen steht in negativem Zusammenhang (ρ= -.17) mit Führungserfolg (Vgl. Judge et al., 2002, S. 765).

Aus den in Kapitel 4.3.1 dargestellten Werten der vorliegenden Untersuchung, ist ersichtlich, dass die von Bono und Judge (2004, S. 901–910) in Studien festgestellte positive Korrelation nach Pearson von Extraversion und transformationaler Führung ($r=0,223^*$) repliziert werden konnte. Zudem kann der Zusammenhang in der vorliegenden Untersuchung als signifikant bezeichnet werden. Bezüglich Neurotizismus konnten allerdings keine signifikanten Werte festgestellt werden. 84,9% aller Führungskräfte wiesen eine hohe Korrelation mit Extraversion auf, davon waren 47,7% dem transformationalen Führungsstil zuzuordnen. So ist bei transformationalen Führungskräften diese Persönlichkeitseigenschaft mit knapp 10,5% stärker ausgeprägt als bei nicht transformationalen. Die generell hohe Zustimmung von 84,9% hinsichtlich Extraversion kann dahingehend interpretiert werden, dass Führungskräfte in Vorarlberg eine hohe Grundmotivation verspüren gesellig, herzlich, personenorientiert, aktiv und gesprächig im Umgang mit Ihren Mitarbeitern zu sein. Eine Begründung dafür könnte sein, da die Region Vorarlberg sehr klein ist und „jeder jeden kennt", es deshalb für die Bevölkerung wichtig erscheint, positiv auf die Mitmenschen zu wirken und deshalb verstärkt auf diese Attribute zu achten. Diese Annahme ist jedoch gesondert zu betrachten und stellt eine eigene Forschungsfrage dar.

Auf Basis der theoretischen Ableitung sowie empirischen Ergebnisse werden diese dahingehend interpretiert, dass wenn Extraversion bei Führungskräften stark ausgeprägt ist, dies als positiver Kontextfaktor gesehen werden kann. Extraversives Verhalten unterstützt Führungskräfte dabei, den transformationalen Führungsstiles im Führungsalltag zu implementieren. Die vorliegenden Ergebnisse unterstreichen die Hypothese 1a.

Die Korrelationsanalyse nach Pearson konnte zudem signifikante Zusammenhänge zwischen Extraversion und Charisma ($r=0,376^{**}$) sowie Extraversion und Identifikationsmacht ($r=0,222^*$) und rationalem Überzeugen ($r=0,377^{**}$) identifizieren. Dies ist dahingehend interessant, da in Metaanalysen einerseits Charisma als wichtiges Merkmal transformationaler Führung festgestellt wurde, andererseits ein positiver Zusammenhang zwischen dem Machtmotiv sowie transformationaler

Führung entdeckt wurde (Vgl. House/Howell, 1992). Diese Ergebnisse werden nachfolgend diskutiert.

Neurotizismus

Der Persönlichkeitseigenschaft Neurotizismus, ist als hinderlich für Führungserfolg identifiziert worden. Es liegen zwar nur moderate Zusammenhänge aus Metaanalysen auf, jedoch wurden diese immer wieder in Studien identifiziert, weshalb sie als sehr stabil betrachtet werden (Vgl. Nerdinger et al., 2014, S. 88).

In Hypothese 1b wurde angenommen, dass Extraversion bei transformationalen Führungskräften stärker ausgeprägt ist als Neurotizismus. Allerdings waren lediglich die Werte für Extraversion signifikant. Die Ergebnisse der vorliegenden Untersuchung zeigen auf, dass Nervosität, Unsicherheit und Ängstlichkeit bei transformationalen Führungskräften (47,0%) schwächer ausgeprägt sind, als bei „nicht transformationalen" (53,0%). Diese Erkenntnisse unterstützen die Untersuchungen von Judge, Bono, Ilies und Gerhard (2002), jedoch konnte in der vorliegenden Untersuchung keine Signifikanz (p=0,281) zwischen Neurotizismus und transformationalen Führungskräften festgestellt werden. Da dieser laut Nerdinger et al, (2014, S.88) dennoch als stabil betrachtet werden, wird auch in der vorliegenden Untersuchung davon ausgegangen, dass Neurotizismus Führungserfolg negativ beinflusst.

Auf Basis der theoretischen Ableitung, sowie empirischen Ergebnisse kann dies dahingehend interpretiert werden, dass wenn Neurotizismus bei Führungskräften schwach ausgeprägt ist, dies als positiver Kontextfaktor zu identifizieren ist. Auf Basis der empirischen Befunde und fehlenden Signifikanz ist dies jedoch sehr vorsichtig zu interpretieren und mittels weiterer Untersuchungen zu überprüfen.

Dennoch kann Unternehmen die Empfehlung gegeben werden, darauf zu achten, dass bei deren Führungskräften diese Kontextbedingung sehr schwach bis überhaupt nicht ausgeprägt sind, um den Wandel hin zu einem transformationalen Führungsverhalten positiv zu unterstützen. Zudem können Führungskräfte sich darauf konzentrieren, neurotizistische Verhaltensweisen zu minimieren, um diesen Wandel schneller voranzutreiben.

Charisma

„Charisma" wurde bereits 1921 durch Weber als Merkmal erfolgreicher Führung identifiziert (Vgl. Weber 2002, S. 140). Nerdinger (2014, S.86) postuliert, dass „[...] mit dem Begriff Charisma die Wirkung außergewöhnlicher Menschen beschrieben" wird, sowie dieses als wesentliches Merkmal einer erfolgreichen Führungspersönlichkeit zu identifizieren ist.

Charisma beschreibt eine natürliche Anziehungskraft der Führungsperson und dass es diesen gelingt, in den aktuell durchrationalisierten und an ökonomischen Kennziffern orientierten Organisationen, Sinnstiftung zu vermitteln (Vgl. Nerdinger et al., 2014, S. 86). Charisma stellt somit eine Persönlichkeitseigenschaft dar, die transformationales Führungsverhalten unterstützt. Für Unternehmen und Führungskräfte gilt es somit, charismatische Eigenschaften nachhaltig zu fördern und Wege zu finden, diese zu trainieren. Dies soll Führungskräfte dabei unterstützen, diese im Führungsverhalten zu verankern.

In Studien konnten Zusammenhänge zwischen Charisma und Weiterbildung (Vgl. Parry/Sinha, 2005, S. 178) oder kognitiven Fähigkeiten (Vgl.Hater und Bass 1988, S. 695–702) festgestellt werden. Jedoch konnten bis dato nur moderate Zusammenhänge gefunden werden, weshalb dies weiterer Forschungen bedarf. Mit diesen soll der Frage nachgegangen werden, wie diese Kontextbedingungen einwirken sowie wie diese gefördert werden können. Für die vorliegende Untersuchung kann die Kontextbedingung Charisma nicht herangezogen werden, da die gesamte Dimension für die Operationalisierung von transformationalen Führungskräften verwendet wurde.

Kognitive Fähigkeiten

Hater und Bass (1988, S. 695–702) konnten in ihrer Studie eine Korrelation kognitiver Intelligenz sowie Schulbildung ab Maturaniveau feststellen. Hinsichtlich der Anwendung des transformationalen Führungsstiles konnte diese keine statistisch relevanten Ergebnisse liefern, jedoch wurde ein moderater Zusammenhang zwischen Schulbildung und Charisma festgestellt.

In der vorliegenden Untersuchung konnten keine signifikanten Zusammenhänge festgestellt werden. Aus Tabelle 8 ist ersichtlich, dass bei Abschluss einer berufsbildenden Schule (16,3%), sowie bei einem Master bzw. Magisterabschluss (14,0%) die Anzahl der transformationalen Führungskräfte am höchsten ist. Auf Grund der fehlenden Signifikanz musste Hypothese 2 für diesen Kontextfaktor verworfen werden.

Die vorliegenden Ergebnisse der Untersuchung liefern jedoch Indikationen für weitere Forschungen, da eine Tendenz entdeckt werden konnte, dass kognitive Fähigkeiten als Kontextfaktor für transformationales Führungsverhalten herangezogen werden könnte. Für diese Untersuchung liefern die vorliegenden Ergebnisse jedoch lediglich moderate Zusammenhänge, weshalb der Kontextfaktor kognitive Fähigkeiten/ Intelligenz mit Vorsicht zu interpretieren ist.

Weiterbildung

Wider Erwarten konnte für die gesamte Skala der Weiterbildung keine ausreichende Signifikanz festgestellt werden, jedoch unterstreichen die signifikanten Ergebnisse der Items „es ist mir wichtig, mich fortlaufend weiterzubilden" sowie „ich besuche regelmäßig fachspezifische Seminare meines Arbeitsbereiches" den positiven Zusammenhang zwischen Weiterbildung und transformationalem Führungsverhalten.

Die positiven Zusammenhänge einzelner Items, bestätigen für die vorliegende Untersuchung somit die Annahme aus Hypothese 3a, dass Weiterbildung einen positiven Effekt auf transformationales Führungsverhalten hat. Es konnte festgestellt werden, dass es 90% der Führungskräfte wichtig ist, sich fortlaufend weiterzubilden. Erwartungsgemäß wurde dies von annähernd 100% der transformationalen Führungskräfte bekräftigt. Ebenfalls konnte ein positiver Zusammenhang zwischen der Häufigkeit der Trainings und dem Wandel hinzu transformationalem Führungsverhalten festgestellt werden. Diese Ergebnisse wiesen allerdings keine ausreichende Signifikanz auf, weshalb diese vorsichtig zu interpretieren und deren Zusammenhang in weiteren Untersuchung zu überprüfen sind.

Es besteht die Annahme, dass mit Erhöhung der Stichprobe diese Annahme ebenfalls bestätigt werden kann, denn Parry und Sina (2005, S. 178) wiesen ihn ihrer Metaanalyse die Trainierbarkeit sämtlicher 5 Faktoren der transformationalen Führung nach. Diese konnten belegen, dass transformationales Verhalten mit einem Weiterbildungsplan für Führungskräfte nachweislich gefördert werden kann.

Zu ähnlichen Ergebnissen kam Riedelbauch (2011, S. 5) in ihrer Untersuchung. Sie stellte neben der Erhöhung des transformationalen Führungsstiles durch Trainings und Coachings fest, dass auch der Übereinstimmungsgrad zwischen Selbst- und Fremdeinschätzung bei den Führungskräften erhöht werden konnte. Wie in Kapitel 2.3.3 beschrieben, spielt in Metaanalysen die Art und Weise von Weiterbildung keine Rolle. Sprich, es ist nicht relevant, ob Einzelcoaching oder Gruppentrainings stattfinden, lediglich die Tatsache, dass Weiterbildung hinsichtlich Persönlichkeitsentwicklung stattfindet, ist maßgeblich für die Transformation des Führungsverhaltens.

In der vorliegenden Untersuchung konnte allerdings keine positive Wirkung des Teilaspektes der Persönlichkeitsentwicklung auf transformationales Führungsverhalten festgestellt werden. Dies erscheint jedoch nicht folgerichtig, da in aktuellen Studien dieser Effekt nachgewiesen werden konnte (Vgl. Riedelbauch, 2011; Parry and Sinha, 2005). Auf Basis der vorliegenden Untersuchung, verstärkt auf Basis aktueller Metaanalysen stellen Weiterbildung, Training oder Coaching einen wichtigen Kontextfaktor dar, um nachhaltig transformationales Führungsverhalten zu fördern.

Weiterbildung stellt somit eine positive Kontextbedingung dar, weshalb Hypothese 3a angenommen wurde.

Wie in Kapitel 4.3.4 postuliert und in Tabelle 10 dargestellt, wurde eine Korrelation zwischen Weiterbildung und dem Kontextfaktor Macht (r=0,235*) aufgezeigt. Konnte in der vorliegenden Studie lediglich eine Signifikanz seitens der Weiterbildung im fachspezifischen Bereich aufgezeigt werden, unterstützt dies, in Anlehnung an die Befunde von Tabelle 10, die Annahme, dass Fachwissen ein Einflussfaktor der Identifikationsmacht darstellt, was wiederum transformationales Führungsverhalten fördert. Eine Begründung dafür könnte sein, dass transformationale Führungskräfte bewundert werden, um mit ihrem Wissen ihre Mitarbeiter zu motivieren und dadurch zu begeistern (Kapitel 2.2.3). Diese Annahme gilt es in weiteren Untersuchungen zu überprüfen.

Macht

Die aktuelle Führungsforschung geht davon aus, dass Charisma von einem starken Machtmotiv begleitet wird. Unterschiedliche Autoren unterstreichen dabei, die positive Beeinflussung des Machtmotives und das Führungskräfte sich dabei durch ein unterstützendes und wertschätzendes Führungsverhalten auszeichnen und nicht durch ein dominantes, penetrantes oder aggressives Führungsverhalten (Vgl. House, 1977).

House und Howell (1992, S. 85) stellen in Untersuchungen fest, dass Führungskräfte die hohe Werte in vergleichbaren Skalen besitzen, dazu tendieren, die Initiative in sozialen Settings zu übernehmen. Sie sind humorvoll, machen Personen untereinander bekannt, regen Diskussionen an, sowie triggern soziale Interaktionen und Events.

Die Einflussstrategie des rationalen Überzeugens weißt ebenfalls signifikante Zusammenhänge mit transformationaler Führung auf. Yukl und Tracey (1992) wiesen in Forschungen nach, dass Führungskräfte die rational argumentieren als transformational wahrgenommen werden, da diese sich nicht nur auf Zahlen, Daten und Fakten fokusieren, sondern diesen auch die Erläuterung der Hintergründe und von Zusammenhängen wichtig sind. In der vorliegenden Untersuchung konnte ebenfalls eine positive Korrelation (r=0,391**), sowie ein hoch signifikantes Ergebnis hinsichtlich rationalem Überzeugen sowie transformationaler Führung nachgewiesen werden, was dies als positiven Kontextfaktor unterstreicht. Auf Grund dieser Forschungsergebnisse kann *rationales Überzeugen* als Einflussstrategie und positiver Kontextfaktor identifiziert und Hypothese 4b angenommen werden.

Die Einflussstrategie des rationalen Überzeugens weißt ebenfalls signifikante Zusammenhänge mit transformationaler Führung auf. Yukl und Tracey (1992) wiesen in Forschungen nach, dass Führungskräfte die rational argumentieren als transformational wahrgenommen werden, da diese sich nicht nur auf Zahlen, Daten und Fakten fokussieren, sondern diesen auch die Erläuterung der Hintergründe und von Zusammenhängen wichtig sind. In der vorliegenden Untersuchung konnte ebenfalls eine positive Korrelation (r=0,391**) sowie ein hoch signifikantes Ergebnis hinsichtlich rationalem Überzeugen sowie transformationaler Führung nachgewiesen werden, was diese als positiven Kontextfaktor unterstreicht. Auf Grund dieser Forschungsergebnisse kann die *rationales Überzeugen* als Einflussstrategie als positiver Kontextfaktor identifiziert und Hypothese 4b angenommen werden.

Vorliegende Korrelationen zwischen transformationaler Führung und dem Machtmotiv unterstützen die Annahme, dass diese als positive Kontextfaktoren identifiziert werden können, da ein ausgeprägtes Machtmotiv positiven Einfluss auf transformationale Führungskräfte hat. Haben demnach transformationale Führungskräfte Ausprägungen im Bereich der Personalmacht oder des rationalen Überzeugens, ist dies positiv für Unternehmen zu sehen, da Blickle und Gönner (1999, S. 35–46) zudem positive Zusammenhänge zwischen rationalem Argumentieren und der Motivation von Personen nachweisen konnten.

5.1.2 Fragestellung 2

Fragestellung 2:
Wie können Führungskräfte in Vorarlberg darin unterstützt werden, den transformationalen Führungsstil im Führungsverhalten zu implementieren?

In der vorliegenden Untersuchung, war interessanterweise festzustellen, dass sämtliche Items, bis auf „ich bin aktuell zufrieden mit der Situation in meinem Unternehmen" bei nicht transformationalen Führungskräften stärker ausgeprägt war, als bei den transformationalen Führungskräften. Die Ergebnisse sind dahingehend zu interpretieren, dass die vorgeschlagenen Antwortitems den nicht transformationalen Führungskräften wichtiger hinsichtlich Unterstützung im Führungsalltag sind, als den transformationalen. Lediglich der Antwortskala, wenn „Rangkämpfe nicht an der Tagesordnung stehen würden", wurde von den transformationalen Führungskräften als hoch signifikantes Item gesehen.

Bei der Erstellung der Umfrage wurde der gesamte Fragenblock dahingehend entwickelt, dass Führungskräfte unterschiedlichste Kontextfaktoren nennen können, die sie im Führungsalltag unterstützen würden, sich in ihrer Rolle als Führungskraft wohl zu fühlen und sich positiv weiterzuentwickeln. Der hohe Anteil von transformationalen Führungskräften beim Item „ich bin aktuell zufrieden mit der Situation in meinem Unternehmen" ist hoch interessant. Sämtliche sonstig genannten Antwortitems wurden seitens der nicht transformationalen Führungskräfte als wichtiger erachtet als seitens der transformationalen. Dieses Ergebnis unterstützt die Annahme und wirft die Frage auf, ob sämtliche genannten Kontextbedingungen ein transformationales Führungsverhalten fördern, da transformationale Führungskräfte keine Notwendigkeit darin sehen diese Kontextfaktoren zu nennen. Dies impliziert jedoch die Frage, ob diese deshalb nicht genannt wurden, da diese bereits in den Unternehmen gelebt werden und deshalb den Führungsalltag nicht behindern, sondern diese bereits unterstützen.

Dies könnte einerseits ein positiver Korrelationsfaktor sein, weshalb in der vorliegenden Untersuchung ein hoher Anteil transformationaler Führungskräfte, sowie die ebenfalls sehr hohe Zustimmung zum Antwortitem „ich bin aktuell zufrieden mit der Situation in meinem Unternehmen" festzustellen ist.

Führungskräfte die als nicht transformational kategorisiert wurden, sehen einen hohen Mehrwert hinsichtlich Weiterbildung (69,6%), einer wertschätzenden

Unternehmenskultur (54,3%), eines wertschätzenden und ethisch korrekten Führungsverhaltens des eigenen Vorgesetzten (69,6%) oder auch Knowledge hinsichtlich Mitarbeiterführung & Motivation (82,6%). Dies lässt Rückschlüsse darauf zu, dass diese Faktoren in deren Unternehmen nicht gelebt werden, was wiederum ein Grund dafür sein kann, dass der Wandel hinzu transformationalen Führungsverhalten so langsam voranschreitet. Die Beantwortung dieser Hypothese bedarf jedoch einer gesonderten Untersuchung.

Lediglich beim Item: „Rangkämpfe nicht an der Tagesordnung stehen würden" sahen mehr transformationale Führungskräfte einen positiven Kontextfaktor, zudem konnte für dieses Antwortitem ein signifikanter Wert (r=0,218*) berechnet werden. Dies kann für Unternehmen dahingehend interpretiert werden, dass diese ihren Führungskräften den Alltag erleichtern, sowie transformationales Führungserhalten fördern könnten, wenn diese darauf achten, ein harmonisches Miteinander zu fördern. Es wäre wichtig (tägliche) Rangkämpfe zu eliminieren oder zumindest zu reduzieren, Strukturen und Rollen in Unternehmen zu festigen, sowie diese klar zuweisen, damit eine wertschätzende Unternehmenskultur gefördert werden kann. Aktives Team Building würde hierzu eine Möglichkeit bieten, gegenseitiges Vertrauen und Respekt zu schaffen.

5.1.3 Kritische Reflexion des methodischen Vorgehens

Operationalisierung transformationale Führungskräfte, Charisma, Identifikationsmacht und rationales Überzeugen

Betreffend des methodischen Vorgehens muss angemerkt werden, dass eine eindeutige Feststellung von transformationalem Führungsverhalten nur mittels des MLQ möglich ist. Wie bereits in Kapitel 3.2.1 beschrieben, wurde auf dessen Implementierung in der Umfrage verzichtet, da im Vorfeld davon ausgegangen wurde, dass die daraus resultierende Länge und Umfang des Fragebogens, die Teilnehmeranzahl erheblich reduziert. Jedoch wurden der Fragenblock zu Charisma aus dem Multifaktor Leadership Questionnaire (MLQ-5X) von Bass/ Avolio, (1995) in der deutschen adaptierten Version von Felfe (2006b, S. 61–78) vollständig entnommen, sowie wurden Fragestellungen aus dem Fragebogen, die zur Operationalisierung der Dimensionen transformationaler Führung (Idealized Influence,

Inspirational Motivation, Intellecutal Stimulation sowie Individualized Consideration) dienen (Vgl. Felfe, 2006a, S. 165) verwendet, um dennoch eine adäquate Kategorisierung vornehmen zu können. Die Skala Charisma kann somit nicht gesondert betrachtet werden, da diese vollumfänglich für die Operationalisierung transformationaler Führungskräfte herangezogen wurde. Auf Grund dieser Vorgehensweise bestehen zwischen der Skala Charisma, der Identifikationsmacht sowie rationalem Überzeugen höhere Korrelationen, da Fragestellungen aus diesen Antwortskalen verwendet wurden. Dies ist dahingehend zu hinterfragen, da dadurch keine 100%ige Unabhängigkeit gegeben, sowie die vorhandenen Korrelationsanalysen zu hinterfragen sind.

Ebenfalls ist das dargestellte Selbstbild der Führungskräfte dahingehend zu hinterfragen, wie verzerrt dieses ist. In der vorliegenden Untersuchung wurde keine Fremdbildeinschätzung der direkt unterstellten Mitarbeiter abgefragt und die befragten Führungskräfte waren sich dessen bewusst. Dies erhöht die Fehleinschätzung dieser, sowie die Tendenz das eigene Führungsverhalten positiver zu werten, als dieses tatsächlich ist und von den Mitarbeitern wahrgenommen wird.

Hohe Anzahl an transformationalen Führungskräften
Die hohe Anzahl an transformationalen Führungskräften in der vorliegenden Untersuchung, widerspricht dem aktuellen Forschungsstand der Führungsforschung, dass vermehrt der transaktionale Führungsstil praktiziert wird. Dies ist dahingehend zu erklären, dass bei der Auswahl der Führungskräfte darauf geachtet wurde, dass diese nach Einschätzung der Autorin eher transformational sind, was eine mögliche Erklärung für den hohen Anteil an transformationalen Führungskräften liefert.

Für zukünftige Forschungen kann empfohlen werden, den vollständigen MLQ in die Umfrage einzubauen, um transformationale Führungskräfte eindeutig zu identifizieren. Ebenfalls könnten direkt unterstellte Mitarbeiter zu einer Bewertung der Führungskraft eingeladen werden, um ein vollständiges 360 Grad Feedback zu erhalten.

Operationalisierung Weiterbildung

Bezüglich der Operationalisierung der Dimension *Weiterbildung* und zur Berechnung der Signifikanz ist anzumerken, dass zu dieser zuzüglich der Chi²-Test, neben der Korrelationsanalyse nach Pearson herangezogen wurde. Dies widerspricht der Stringenz der vorliegenden Arbeit sich bei der Ergebnisdarstellung allein auf Tabelle 10 zu beziehen. In Anbetracht der Wichtigkeit der Weiterbildung auf die Implikationen für die Praxis wurden diese Berechnung durchgeführt und in der vorliegenden Arbeit verwendet, denn auf Basis des Chi²-Tests konnten (hoch) signifikante Werte für einzelne Fragestellungen errechnet werden, die aus Sicht der Autorin als sehr wichtig betrachtet wurden.

5.2 Stichprobe

Vor dem Hintergrund, dass Führungskräfte in ganz Vorarlberg befragt wurden, ist generell festzustellen, dass es sich in der vorliegenden Untersuchung um eine relativ kleine Stichprobe (N=86) handelt, sowie verstärkt Führungskräfte aus dem mittleren Management aus Großunternehmen und Konzernen beteiligt waren.

Um ein ganzheitlicheres Bild für ganz Vorarlberg zu bekommen, müsste die Untersuchung einerseits

- mit einer größeren Stichprobe
- mit einer größeren Branchenverteilung

erneut durchgeführt werden.

Der geringe Umfang der Stichprobegröße bringt die Problematik mit sich, dass die Power der Reliabilitätsanalysen und Signifikanztests gering ist. Effekte müssten demnach sehr groß sein, damit diese statistisch signifikante Ergebnisse liefern (Vgl. Bortz and Döring, 1995, S. 567).

Vor dem Hintergrund der durchgeführten Reliabilitätsanalysen konnte bei einigen Skalen (Macht gesamt, Identifikationsmacht, Expertenmacht) keine ausreichend hohen Reliabilitäten errechnet, sowie konnten beispielsweise bei der Weiterbildung, nur sehr wenige signifikante Werte berechnet werden. Es kann jedoch vermutet werden, dass diese bei einer größeren Stichprobengröße die geforderten Cronbachs Alpha Werte von min. $\alpha = 0{,}5$ erreicht worden wären, sowie weitere signifikante Werte berechnet hätten werden können.

Gerade im Hinblick auf den Kontextfaktor der Weiterbildung wäre dies von hohem Interesse, da bereits in Studien die positive Unterstützung von transformationalem Führungsverhalten durch Weiterbildung belegt wurde. Für die Praxis wäre dies von sehr hohem Nutzen.

Für zukünftige Forschungen sowie zur Überprüfung der Aussagen der vorliegenden Untersuchung sollte diese anhand einer größeren und ausgewogeneren Stichprobe überprüft werden. Dies sollte dahingehend unterstützen, ein besseres und ganzheitlicheres Bild für die Region Vorarlberg zu erhalten.

6.   Implikationen für die Praxis

Auf Basis der vorliegenden Untersuchung wurde eine Reihe von Kontextfaktoren analysiert, die Führungskräfte dabei unterstützen, den transformationalen Führungsstil im Alltag zu implementieren. Auf Basis der Ergebnisse der vorliegenden Untersuchung lassen sich eine Reihe von Handlungsempfehlungen für Unternehmen und Führungskräfte ableiten die nachfolgend dargestellt werden. Ebenfalls werden Grundzüge eines theoretischen Modells skizziert, die Unternehmen und ihre Führungskräfte darin unterstützen, den transformationalen Führungsstil im Führungsalltag zu implementieren.

6.1   Training von Führungskräften zur Unterstützung transformationaler Führung

Weinert (2004, S 712) geht davon aus, dass Trainings- und Entwicklungsmaßnahmen für Führungskräfte eine theoretische Grundlage benötigen, welche auf die Ziele des Trainings ausgelegt sind. Obwohl die Auswirkungen und Effekte hinsichtlich der Art der Trainings auf transformationales Führungsverhalten bis dato nicht belegt sind, beschreibt er das Modell von Campell (1988) und Noe (1986) als wirkungsvoll. Geht es im Modell von Campell um die Frage „Was erlernt werden soll", beschäftigt sich das Modell von Noe mit dem Veränderungsprozess selbst, weshalb dieses in dieser Arbeit für die Praxisimplikation herangezogen wird. Da die Entwicklung von transaktional hinzu transformationalem Führungsverhalten ein Veränderungsprozess darstellt, wird nachfolgend das Modell von Noe näher erläutert. Zumal auch in der vorliegenden Studie sich signifikante Ergebnisse zwischen Weiterbildung und transformationalem Führungsverhalten feststellen lassen konnten.

Abbildung 18 zeigt eine Darstellung, welche Effekte das Trainingsprogramm von Noe auf Führungskräften haben kann. Dabei spielen die Lernmotivation, das Umfeld, die Aufgabenkomponente sowie die soziale Komponente eine entscheidende Rolle. Von hohem Interesse ist die Variable „Motivation zur Übertragung des erworbenen Wissens", denn je größer der Nutzen für die Führungskraft ist, umso größer ist auch die Motivation an der Teilnahme und Verinnerlichung des Erlernten.

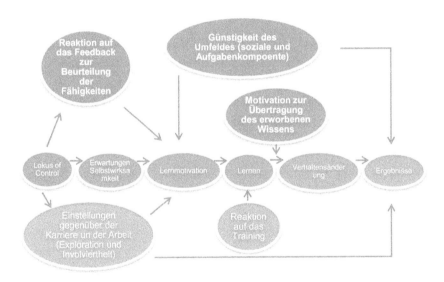

Abbildung 18: Wirkungen eines Trainingsprogramms nach Noe (1986) (Quelle: Weinert, 2004, S. 713)

Der Erfolg von Trainingsprogrammen hängt einerseits davon ab, ob die Führungskräfte

- freiwillig daran teilnehmen
- ob diese Sinn im Ausbildungsprogramm sehen
- und etwas lernen wollen

Deshalb ist bei der Erstellung des Trainingskonzeptes auch darauf zu achten, dass diese Komponenten erfüllt sind. Idealerweise wird dazu im Vorfeld eine Analyse der Organisation und der Führungskräfte durchgeführt. Ferner sind folgende Punkte in der Erstellung des Trainingskonzeptes zu achten:

- Welcher Bedarf besteht seitens der Organisation
- welcher Trainings- und Entwicklungsbedarf besteht bei den Führungskräften
- dass die Motivation seitens der Führungskräfte erhöht wird, in dem diese einen persönlichen Nutzen für den Berufsalltag aus den gesetzten Maßnahmen ziehen
- dass der Trainer gut geschult ist, den Bedarf der Führungskräfte kennt und das Schulungsprogramm mit idealen Trainingsmethoden und Techniken angepasst wird
- Unterschiedlichste Techniken und Methoden zur Wissensvermittlung verwendet werden (Theorie, praktische Übungen, gruppendynamische Prinzipien, E-Learning)

Die Trainierbarkeit von transformationaler Kompetenz wurde in unterschiedlichsten Studien nachgewiesen (vgl. Barling et al., 1996), weshalb in Führungskräftetrainings verstärkt darauf geachtet werden sollte, den Fokus darauf zu legen. Gerade die Komponenten der 4 I's (siehe Kaptitel 2.2.3) —*Idealized Influence, Inspirational Motivation, Intellectual Stimmulation* sowie *Individualized Consideration* sollten in Trainigsprogramme integriert werden.

6.2   Persönlichkeit zur Unterstützung transformationaler Führung

In der vorliegenden Untersuchung konnten unterschiedliche Ansatzpunkte hinsichtlich der Persönlichkeitsfaktoren abgeleitet werden, die einen positiven Einfluss auf transformationales Führungsverhalten nehmen.

Dennoch stellt die Persönlichkeit selbst eine stabile personale Disposition dar, weshalb eine Veränderung dieser nur begrenzt ist. „Führungsstile werden als typische Konfiguration von habituellem und aktuellen Merkmalen der Führungsperson, der Reaktion der Geführten und wiederkehrenden Situationsmerkmalen verstanden." (Riedelbauch, 2011, S. 409)

Weinert beschreibt (2004, S. 463), dass Führungsstile bestimmten Mustern und Verhaltensweisen der Führungsperson zugrunde liegen, sowie durch unterschiedlichste Bedürfnisse beeinflusst werden. Hierbei spielen vor allem das Selbstbild, Motive und Kompetenzen eine Rolle. Durch geeignete Interventionen wie Trainings- und Coachings, können Persönlichkeitsfaktoren der Extraversion gefördert sowie neurotizistische Verhaltensweisen reduziert werden. Dies könnte eine positive Entwicklung in Richtung transformationales Führungsverhalten intendieren.

Durch die vorliegende Untersuchung sowohl durch unterschiedlichste Metaanalysen (Vgl. Judge/ Bono, 2000) konnten positive Auswirkungen der Persönlichkeitskontexte auf das transformationale Führungsverhalten abgeleitet werden. Dabei sind besonders die Förderung von Extraversion und Charisma, sowie die Reduktion von Neurotizismus im Führungsverhalten zu betonen. *Training und Personalentwicklung* zur Bewusstseinsbildung hinsichtlich dieser Kontextfaktoren können Führungskräfte nachhaltig darin unterstützen, diese verstärkt anzuwenden (Extraversion) oder auch zu reduzieren (Neurotizismus).

Durch gezieltes Führungskräftecoaching könnten Persönlichkeitseigenschaften betreffend der sozialen Einflussnahme reflektiert, deren Auswirkungen analysiert, sowie wichtige Eigenschaften trainiert werden. Führungskräfte mit hohen charismatischen Ausprägungen könnten dabei vor allem im Ausbau ihrer kommunikativen Fähigkeiten trainiert werden. Dies würde diese dabei positiv unterstützen, deren Werte, Motive, Einstellungen, Hoffnungen und Überzeugungen den Mitarbeitern besser nahezubringen und sich selbst in Richtung transformational zu entwickeln.

Eine Sensibilisierung und dadurch Reduktion von nervösem Verhalten, Ängstlichkeit oder Unsicherheit könnte ebenfalls durch gezielte Coachings und Personalentwicklung erreicht werden. Führungskräften mit einem ausgeprägten neurotizistischen Verhalten kann die Bedeutung hinsichtlich der sozialen Einflussnahme bewusst reflektiert werden. Aus der Selbstreflektion könnten gezielt Trainings und Maßnahmen abgeleitet werden, die eine positive Entwicklung hinsichtlich Reduktion dieser negativen Eigenschaften bewirken.

Gezielte Handlungsstrategien und Wirkungsweisen der Persönlichkeitskontexte sollten ebenfalls in Führungskräftetrainings nähergebracht und langfristig verankert werden. Dadurch soll Führungskräften einerseits ein Bewusstsein darüber vermittelt werden, das Offenheit, Geselligkeit, Ehrlichkeit, Herzlichkeit und Förderung der Mitarbeiter zu einer neuen Führungskultur gehört und ihnen Selbstbewusstsein und Selbstverständlichkeit vermitteln, diese auch gezielt anzuwenden. Weinert (2004, S.462) merkt zudem an, dass um ein transformationales Führungsverhalten zu etablieren, es allein nicht ausreicht die Führungskräfte zu motivieren und inspirieren, um sich für ein übergeordnetes Ziel zu begeistern und sich wertschätzend und visionär zu verhalten. Darüber hinaus benötigt es Rahmenbedingungen die dies positiv unterstützen. Sind diese nicht vorhanden, müssen diese geschaffen werden. In der vorliegenden Studie identifizierten transformationale Führungskräfte beispielsweise Rangkämpfe als störendes Element in der persönlichen Entwicklung (Kapitel 4.3.5). Bemühungen diese im organisationalen Set-Up zu reduzieren, kann eine entsprechende Wirkung auf die Führungskräfte erzielen und unterstützen, den transformationalen Führungsstil zu fördern.

Ob genannte Komponenten könnten in Führungskräftetrainings eingebaut werden, um Führungskräfte betreffend des eigenen Selbstbildes zu sensibilisieren. Das daraus entstehende Verständnis für Entwicklungsbedarf kann dahingehend genutzt werden, eine Bereitschaft seitens der Führungskräfte zu erhalten, notwendige Persönlichkeitseigenschaften zu fördern, die transformationales Führungsverhalten unterstützen.

6.3 Bewusste Auswahl von Führungskräften zur Unterstützung transformationaler Führung

Die Führungsforschung, richtete selbst erst ihren Fokus seit Mitte der 80iger Jahre auf die transformationale Führung. Dies führte folglich dazu, dass durch unterschiedlichste Metaanalysen der Wissensstand erst seit dieser Zeit generiert und erweitert wurde und bis heute viele Moderatoren transformationaler Führung nicht erforscht oder belegt werden konnten (siehe Kapitel 2.2.3). Es werden zukünftig jedoch 2 Fähigkeiten für die Führungskraft der Zukunft von zentraler Bedeutung sein. Einerseits logisches Denken und andererseits kontinuierliches und lebenslanges Lernen (Vgl. Weinert, 2004, S. 330).

Vor diesem Hintergrund ist gerade deshalb darauf zu achten, dass bei der Auswahl der Führungskräfte zu erkennen ist, dass diese einerseits selbst Anstrengungen unternommen haben, sich stets selbst weiterzubilden, oder andererseits durch vorhergehende Arbeitgeber dabei gefördert wurden. Dies ist deshalb wichtig, da eine Wissensvermittlung hinsichtlich des New Leadership noch nicht allzu lange in den unterschiedlichsten Institutionen wie Universitäten, Fachhochschulen, Fachakademien, vermittelt wird und deshalb auch nicht weit verbreitet ist, was aktuelle Forschungen belegen (Vgl. Steinle et al., 2008, S. 1).

Bestehendes Wissen sowie Weiterentwicklung der Persönlichkeitseigenschaften im Bereich des „New Leadership Apporach" bei neuen und natürlich bestehenden Führungskräften unterstützt Unternehmen darin, diese dahingehend zu sensibilisieren, transformationales Führungsverhalten nachhaltig im Unternehmen zu verankern (Vgl. Conger/Kanungo, 1987, S. 637–647). Führungskräfte, die diesbezüglich bereits sensibilisiert sind, können Unternehmen und deren Kollegen dabei fördern, transformationales Führungsverhalten nachhaltig im Unternehmen zu verankern. Tools für einen wertschätzenden Umgang, Erhöhung der Kommunikationsfähigkeiten, aber auch der Delegationsfähigkeiten und Konfliktfähigkeiten können in Trainingsintervallen gezielt vermittelt und trainiert werden, um die Führungskräfte nachhaltig zu sensibilisieren.

Der Einsatz von Tests kann zudem im Auswahlverfahren von Führungskräften angewandt werden. Unterschiedlichste Persönlichkeitstests oder Assessments könnten angewandt werden, um zu erkennen, ob beispielsweise Persönlichkeitseigenschaften der Extraversion oder charismatische Eigenschaften vorhanden sind.

Mittel- und Langfristig kann so eine neue (Unternehmens-) Kultur geschaffen werden, in der es „normal" sein wird, transformational zu führen und einen wertschätzenden und offenen Umgang miteinander zu pflegen.

6.4   Machtmotive als Unterstützung transformationaler Führung

Die Korrelationsanalyse nach Pearson in der vorliegenden Untersuchung konnte zudem signifikante Zusammenhänge zwischen Extraversion und Identifikationsmacht (r=0,222*) aufzeigen. Dies ist dahingehend interessant, da in Metaanalysen ein Zusammenhang zwischen dem Machtmotiv sowie transformationaler Führung entdeckt wurde (Vgl. Felfe, 2006a, S. 164). Die positiven Eigenschaften des transformationalen Führungsstiles gelten nicht nur gesellschaftlich, sondern auch organisationsintern als erwünscht. Wie empirisch nachgewiesen, haben Führungskräfte höherer Hierarchie, auf Grund ihrer Position, bessere Möglichkeiten den transformationalen Führungsstil anzuwenden. Gerade deshalb ist es sehr wichtig im Topmanagement ein Wissen dieser Wirkung der Einflussstrategien bewusst zu machen und einen konzeptionellen Rahmen zu geben, an dem diese sich orientieren können. Mit Hilfe von Selbst- und Fremdeinschätzung kann diesen die Wirkung der Einflussstrategien des rationalen Argumentierens, charismatischer Appelle aber auch der Konsultation bewusst gemacht und anschließend gezielt trainiert zu werden.

Eine Bewusstseinsbildung und Training bezüglich der Personalmacht stellen nach Yukl et al. (1996), aber auch in der vorliegenden Untersuchung (Identifikationsmacht) wichtige Rahmenbedingungen für eine zusätzliche Kompetenzentwicklung dar und sind in Trainings- und Coaching Modellen als konzeptueller Rahmen zu berücksichtigen. Dadurch kann gefördert werden, dass der transformationale Führungsstil „nach unten" getragen wird, da die Vorbildwirkung zur Nachahmung inspiriert. In den meisten Fällen sind Führungskräfte selbst „Geführte", die die visionären und motivierenden Effekte transformationaler Führung nicht nur erleben, sondern folgend selbst weitergeben können.

Den unterschiedlichsten Einflussstrategien der Macht, vor allem aber *rationalem Argumentieren* wurden in positiven Zusammenhang mit der Wahrnehmung transformationalem Führungsverhalten gebracht, was auch in der vorliegenden Studie bestätigt werden könnte. Für die Praxis würde dies bedeuten, dass die Vermittlung der Wirkungsweisen dieser Einflussstrategien zu verdeutlichen, sowie Techniken zu erlernen, diese effektiv im Führungsalltag einzusetzen. In diesem Kontext spielt gerade die Vorbildwirkung transformationaler Führungskräfte eine tragende Rolle. Welchen negativen Effekt es hat, wenn hierarchisch höhere Führungskräfte transformationale Führung nicht leben, könnte immens sein. Dies zu beantworten stellt jedoch eine eigene Forschungsfrage dar.

Der Beleg neuester empirischer Studien, dass transformationale Führung erlernbar und mit Hilfe von Trainings und individuellem Coaching im Verhalten von Führungskräften „implementierbar" ist, werden neue Inputs an Führungskräftetrainings geliefert. Kognitive Fähigkeiten auf Basis des IQ unterstützen dies positiv (Vgl. Bass, 2002, S. 109). Da gerade im wirtschaftlichen Kontext Schul- und Weiterbildung ein Indikator für Führungsposition ist, setzt dies ebenfalls die Implementierung des transformationalen Führungsstiles unter einen positiven Stern.

Je höher in einer Unternehmenshierarchie somit der transformationale Führungsstil gelebt, umso eher ist die Wahrscheinlichkeit, dass dieser auch „nach unten" getragen wird. Wird zudem ein ganzheitliches Trainings- und Coaching Konzept im Unternehmen implementiert, erhöht sich zudem die Wahrscheinlichkeit dass dieser „wirklich" gelebt wird und nicht ein pseudotransformationaler Führungsstil gefördert wird. Eine hohe Arbeitszufriedenheit sämtlicher Mitarbeiter sowie ein visionäres und innovatives Gedankengut, sind neben der Erhöhung der Wirtschaftlichkeit, positive Nebeneffekte des Unternehmens. Dieses stellt ja, das ureigentliche Ziel eines profitorientierten Unternehmens dar.

6.5 Fazit und Ausblick

Neben den ökonomischen Anforderungen, verändern sich zusehends auch die Erwartungen von Mitarbeitern an Unternehmen und deren Führungskräfte. Mitarbeiter wollen und benötigen heute eine „andere Führung" als noch vor 30 Jahren. Auch benötigen Unternehmen eine neue Führungskultur, um den immer schnelllebigeren Wandel in und von Organisationen erfolgreich zu meistern.

Transformationale Führung stellt wie bereits in Kapitel 2.2.3 erläutert, eines der meist untersuchten und erfolgreichsten Führungsmodelle in der Führungsforschung dar. Unterschiedlichste Effekte auf die Organisation, die Geführten aber auch auf die Führungspersonen selbst, waren Zentrum der Forschung. Dabei wurde in den unterschiedlichsten Metaanalysen nachgewiesen, dass gerade transformationale Führung den aktuell immer schnelllebigeren Wandel in der Wirtschaft positiv begleitet und unterstützt, sowie die Wirtschaftlichkeit von Unternehmen erhöht (Vgl. Felfe, 2006, S. 167). Gerade auf Grund dieser hohen Wichtigkeit und den bereits vorhandenen Forschungsergebnissen, stellt sich die Frage, ob und wie der transformationale Führungsstil gefördert werden kann? Welche Kontextfaktoren unterstützen diese Transformation positiv? Erkenntnisse in diesem Bereich können dazu beitragen, einen breiteren Kenntnisstand zu erhalten, wie Führungskräfte in der Entwicklung unterstützt werden können. Welche Kontextfaktoren es gilt, in Unternehmen zu minimieren oder zu verstärken, dass diese Transformation möglichst schnell, positiv und ohne Reaktanz an getriggert werden kann?

Aktuelle Forschungen konnten zwar bis dato einige Moderatoren und Kontextfaktoren entdecken, jedoch muss an dieser Stelle auch angemerkt werden, dass dieser Forschungsbereich bis dato weniger Beachtung fand und der Fokus auf den Effekt des transformationalen Führungsverhaltens auf Geführte und Führende gelegt wurde (Vgl. Rowold/Heinitz, 2008, S. 129–140). So wurden beispielsweise von Von Hermann, Felfe und Hardt (2012, S. 70-86) Stressoren und Ressourcen hinsichtlich deren Auswirkungen auf die Veränderungsbereitschaft durch transformationale Führung untersucht. Im Fokus von Boerner und Freiherr von Streit (2006, S. 3-8) lag die Gruppenstimmung als Erfolgsbedingung transformationaler Führung. Unsicherheit,

Distanz und interkulturelle Unterschiede sind Betrachtungswinkel die in der Forschung verstärkte Aufmerksamkeit fanden (Vgl. Felfe, 2006, S. 172).

Erschwerend in der Erforschung von Moderatoren und Kontextfaktoren kommt hinzu, dass in den meisten Studien zwar moderate Zusammenhänge aufgezeigt werden konnten, allerdings auch vermehrt inkonsistente und abweichende Ergebnisse entdeckt wurden. Aus diesem Grund benötigt es zukünftig zahlreiche weitere Forschungen, die zur Erweiterung des Wissens hinsichtlich Moderatoren und Kontextfaktoren beitragen.

Dennoch konnte hinsichtlich Moderatoren auch unterschiedlichste positive Interaktionseffekte nachgewiesen werden die bereits aktiv gefördert werden könnten. In Metaanalysen wurden kognitive, soziale und emotionale Intelligenz sowie Persönlichkeitseigenschaften als unterstützende Kontextbedingung evaluiert (Bass, 2002; Bono/Judge 2004).

Wie in der vorliegenden Arbeit beschrieben, bilden vor allem die Weiterbildung sowie Faktoren der Macht wichtige Kontextfaktoren, die Führungskräfte dabei unterstützen sich in Richtung transformational zu entwickeln. Gerade in den letzten 10 Jahren fanden verstärkt im deutschsprachigen Raum Untersuchungen zu den unterschiedlichsten Trainingsansätzen und Coachings statt, denen positive Effekte nachgewiesen wurden. Neueste empirische Studien belegen, dass transformationale Führung erlernbar ist und mit Hilfe von Trainings und individuellem Coaching im Verhalten von Führungskräften „implementierbar" ist. Für Unternehmen und Führungskräfte kann deshalb die Empfehlung gegeben werden, sich verstärkt auf Leadership Trainings zu konzentrieren, in denen der Fokus auf die Persönlichkeitsentwicklung zur Erhöhung des Übereinstimmungsgrades zwischen Selbst- und Fremdeinschätzung gelegt wird. Eine Bewusstseinsbildung hinsichtlich der Machtkomponente fördert zudem die Entwicklung positiv. Achten und entwickeln sich Unternehmen hin zu einer Kultur, die wertorientiertes Verhalten und Weiterbildung, einen hohen Teamspirit sowie Kommunikation auf Augenhöhe fördert, kann dies verstärkt die positive Entwicklung der Führungskräfte zu transformationalem Führungsverhalten unterstützen.

Die Bedeutung des Hierarchieeffektes auf Führungskräfte sollte zudem ferner in Studien untersucht werden. Aktuelle Metaanalysen beschreiben den positiven Effekt der Vorbildwirkung. In Untersuchungen konnte theoretisch belegt werden, dass es Führungskräfte in hierarchisch höheren Funktion leichter, fällt sich Handlungsspielräume zu nehmen. Ebenfalls konnte belegt werden, dass wenn auf CEO Level transformational geführt wird, dies beispielsweise im Gegenzug zu Unternehmen, die keine transformationale Führung auf oberstem Hierarchielevel hatten, weniger Patentanmeldungen verzeichnet wurden. Dies impliziert Studien in Richtung, wie stark der Effekt der Vorbildwirkung ist, wenn im obersten Hierarchielevel transformationalen geführt wird. Transformationale Führung hat einen hohen Einfluss auf Werte, Einstellungen und Motivation der Mitarbeiter was sich wiederum auf die emotionale Verbundenheit mit dem Unternehmen und die Erhöhung des Engagements sowie der Leistungsbereitschaft von Mitarbeitern auswirkt (Vgl. Felfe, 2006, S. 167).

Es erscheint vielversprechend in zukünftigen Studien weitere Moderatoren und Kontextfaktoren zu identifizieren um den Wandel von Führungskräften zu transformationalen Führungskräften besser unterstützen zu können. Dabei ist vor allem auch der Ansatz der Weiterbildung, im speziellen zu den Settings (Seminare, Coachings, Größe der Gruppen) zu untersuchen, um gezielt Konzepte entwickeln zu könnte um deren Nutzen zu erhöhen.

Im Hinblick auf die Auswahl der Führungskräfte könnte ferner überprüft werden, inwiefern durch Assessment Center oder Interviewleitfäden transformationale Führungskräfte identifiziert werden könnten, um Unternehmen in deren Recruiting Prozess zu unterstützen.

LITERATURVERZEICHNIS

Atteslander, Peter: Methoden der empirischen Sozialforschung, 13., neu bearbeitet und erweiterte Auflage, Berlin, 2010.

Avolio, Bruce/Bass, Bernard/Jung, Dong: Re-examining the components of transformational and transactional leadership using the Multifactor Leadership Questionaire, In: Journal of Occupational and Organizational Psychology, Heft 72/4, 1999, S. 441–462.

Avolio, Bruce/Bass, Bernard: Developing Potential Across a Full Range of Leadership TM: Cases on Transactional and Transformational Leadership, Psychology Press, 2008.

Barling, Julian/Weber, Tom/Kelloway, Kevin: Effects of transformational leadership training on attitudinal and financial outcomes: A field experiment, In: Journal of Applied Psychology, Heft 81/6, 1996, S. 827–832.

Barrick, Murray/ Mount, Michael: Autonomy as a Moderator of the Relationship between the Big-Five Personality Dimensions and Job Performance, In: Journal of Applied Psychology, Heft 78/5, 1993, S. 111–118.

Bass, Bernard: Transformational leadership - Industry, military, and educational impact, 1. Auflage, Mahwah, 1998.

Bass, Bernard: Theory of transformational leadership redux, In: The Leadership Quarterly, Heft 6/4, 1995, S. 463–478.

Bass, Bernard/Avolio, Bruce: Improving organizational effectiveness through transformational leadership, 1., Auflage, Thousand Oaks, 1994.

Bass, Bernard/Avolio, Bruce: Training and development of transformational leadership - Looking to 1992 and beyond, In: European Journal of Industrial Training, Heft 14, 1990a., S. 21–27.

Bass, Bernard: Cognitive, social, and emotional intelligence of transformational leaders_ Riggio, Ronald et all: Multiple Intelligences and Leadership, Mahwah, 2002, S. 105-118.

Bass, Bernard: Leadership and performance beyond expectations, 1., Auflage, New York /London, 1985.

Bass, Bernard/Avolio, Bruce: MLQ, Multifactor Leadership Questionnaire Sampler Set: Technical Report, Leader Form, Rater Form, and Scoring Key for MLQ Form 5x-short, Redwood City, 1995.

Bennis, Warren: Managing the Dream: Reflections on Leadership and Change, 1., Auflage, New York, 2000.

Bennis, Warren/Nanus, Burt: Leaders: The strategies for taking charge, In: Human Resoure Management, Heft 24/4, 1985, S. 503–508.

Blickle, Gerhard: Einflusstaktiken von Mitarbeitern und Vorgesetzenbeurteilung: eine prädikative Feldstudie, In: Zeitschrift für Personalpsychologie, Heft 2/1, 2003, S. 4–12.

Blickle, Gerhard/ Gönner, Sascha: Studien zur Validierung eines Inventars zur Erfassung intraorganisationaler Einflussstrategien, In: Diagnostica, Heft 45/1, 1999, S. 35–46.

Boerner, Sabine/von Streit, Christian: Gruppenstimmung (group mood) als Erfolgsbedingung transformationaler Führung, In: Zeitschrift für Arbeits- und Organisationspsychologie, Heft 50/1, 2006, S. 3–8.

Bono, Joyce/Judge, Timothy: Personality and Transformational and Transactional Leadership: A Meta- Analysis, In: Journal of Applied Psychology, Heft 89/5, 2004, S. 901–910.

Borkenau, Peter/ Ostendorf, Fritz: Neo-Fünf-Faktoren-Inventar (NEO-FFI): Handanweisung, Göttingen, 1993.

Bortz, Jürgen/Döring, Nicola: Forschungsmethoden und Evaluation, 2., vollständ und überarbeitete Auflage, 1995.

Bruch, Heike/Krummaker, Stefan/Vogel, Bernd/Behse, Maren/Eichenberg, Timm: Leadership - Best Practices und Trends, 2., aktualisierte und erweiterte Auflage, Wiesbaden, 2012.

Bühl, Achim: SPSS 20: Einführung in die moderne Datenanalyse, 1., Auflage, München/Unterschleissheim, 2011.

Burns, James: Leadership, 1., Auflage, New York, 1978.

Conger, Jay: Learning to lead: The art of transforming managers into leaders, San Franzisco, 1992.

Conger, Jay/Kanungo, Rabindra: Charismatic Leadership in Organizations, 1.Auflage, Thousand Oaks, 1998.

Conger, Jay/Kanungo, Rabindra: Toward a Behavioral Theory of Charismatic Leadership in Organizational Settings, In: Academic Management Review, Heft 12, 1987, S. 637–647.

Costa, Paul/McCrae, Rober: Neo PI/FFI Manual supplement, 1.Auflage, Odessa, 1989.

Dillerup, Ralf/Stoi, Roman: Unternehmensführung, 4., komplett überarbeitete und erweiterte Auflage, München, 2013.

Dürndorfer, Martina/Friederichs, Peter: Human Capital Leadership: Wettbewerbsvorteile für den Erfolg von morgen, 1., Auflage, Hamburg, 2004.

Felfe, Jörg: Transformationale und charismatische Führung - Stand der Forschung und aktuelle Entwicklungen, In: Zeitschrift für Personalpsychologie, Heft 5/4, 2006, S. 163–176.

Felfe, Jörg: Validierung einer deutschen Version des "Multifactor Leadership Questionnaire" (MLQ Form 5 x Short) von Bass und Avolio (1995), In: Zeitschrift für Arbeits- und Organisationspsychologie, Heft 50, 2006b, S. 61–78.

Fischer, Lorenz/Wiswede, Günter: Grundlagen der Sozialpsychologie, 3., Auflage, München 2009.

Frese, Michael/Beimel, Susanne/Schönborn, Susanne: Action training for charismatic leadership: Two evaluations of studies of a commercial training module on inspirational communication of a vision, In: Personnel Psychology, Heft 56/3, 2003, S. 671–698.

Frey, Dieter/Peus, Claudia/Jonas, Eva: Soziale Organisationen als Centers of Excellence mit Menschenwürde – Zur Professionalisierung der Mitarbeiter-und Unternehmensführung, In: Als Erfolgsfaktor Sozialwirtschaft, 2004, S. 27–52.

Fuller, Bryan/Patterson, Coleman/Hester, Kim/Stringer, Donna: A quantitative review of research on charismatic leadership, In: Psychological Reports, Heft 78, 1996, S. 271–287.

Geyer, Alois/Steyrer, Johannes: Transformationale Führung, klassische Führungstheorien und Erfolgsindikatoren von Bankbetrieben, In: Zeitschrift für Betriebswirtschaft, Heft. 64, 1994, S. 961–979.

Hadler, Markus: Quantitative Datenanalyse für Sozialwissenschaftler, 1., Auflage, Berlin, 2005.

Hater, John/Bass, Bernard: Superiors' evaluations and subordinates' perceptions of transformational and transactional leadership, In: Journal of Applied Psychology, Heft 73/4, 1988, S. 695-702.

Herrmann, Daniel/Felfe, Jörg/Hardt, Julia: Transformationale Führung und Veränderungsbereitschaft - Stressoren und Ressourcen als relevante Kontextbedingungen, In: Zeitschrift für Arbeits- und Organisationspsychologie, Heft 56/2, 2012, S. 70–86.

House, Robert: A 1977 theory of charismatic leadership, In: Faculty of Management Studies, 1977, S. 189–207.

House, Robert/Howell, Jane: Personality and charismatic leadership, In: The Leadership Quarterly, Heft 3/2, 1992, S. 81–108.

Judge, Timothy/Bono, Joyce/Ilies, Remus/Gerhardt, Megan: Personality and leadership - A qualitative and quantitative review, In: Journal of Applied Psychologie, Heft 87, 2002, S. 765–780.

Judge, Timothy/Colbert, Amy/Ilies, Remus: Intelligence and leadership, In: Journal of Applied Psychology, Heft 89, 2004, S. 542–552.

Judge, Timothy/Piccolo, Ronald: Transformational and transactional Leadership - a meta-analytic test of their relative validity, In: Journal of Applied Psychology, Heft 89, 2004, S. 755–768.

Kelloway, Kevin/Barling, Julian/Helleur, Jane: Enhancing transformational leadership: the roles of training and feedback, In: Leadership &. Organizational Development Journal, Heft 21/3, 2000, S. 145–149.

Kirchler, Erich: Arbeits- und Organisationspsychologie, 3., überarbeitete und aktualisierte Auflage, Stuttgart/Wien, 2011.

Körner, Annett/Geyer, Michael/Brähler, Elmar: Das NEO-Fünf-Faktoren Inventar (NEO-FFI) - Validierung anhand einer deutschen Bevölkerungsstichprobe, In: Diagnostica, Heft 48/1, 2002, S. 19–27.

Kotter, John: Leadership lässt sich lernen, In: Harvard Business Manager, Heft 13/1, 1991, S. 35–43.

Kotter, John: The Leadership Factor, New York, 1988.

Lohmer, Mathias/Sprenger, Bernd/Wahlert, Jochen: Gesundes führen - Life-Balance versus Burnout in Unternehmen, 1., Auflage, Stuttgart, 2012.

Lowe, Kevin/Kroeck, Karl/Sivasubramaniam, Nagaraj: Effectiveness correlates of transformational and transactional leadership - A meta-analytic review of the MLQ literature, In: The Leadership Quarterly, Heft 7/3, 1996, S. 385–425.

Martens, Jul: Statistische Datenanalyse mit SPSS für Windows, Oldenbourg, 2., Auflage, 2003.

Nerdinger, Friedemann/Blickle, Gerhard/Schaper, Niclas: Arbeits- Und Organisationspsychologie, 4., Auflage, 2014.

Northouse, Peter: Leadership, 6., aktualisierte Auflage, Thousand Oaks, 2013.

Parry, Ken/Sinha, Paresha: Researching the Trainability of Transformational Organizational Leadership, In: Human Resources Development International, Heft 8/2, 2005, S. 165–183.

Pinnow, Daniel: Führen - Worauf es wirklich ankommt, 6., Auflage, Wiesbaden, 2012.

Pundt, Alexander/Böhme, Hendryk, Schyns, Birgit: Moderatorvariablen für den Zusammenhang zwischen Commtiment und transformationaler Führung - Führungsdistanz und Kommunikationsqualität, In: Zeitschrift für Personalpsychologie 5/3, S. 108–120, 2006.

Riedelbauch, Kerstin: Theorie und Förderung transformationaler Führung: Selbstdarstellungstheoretische Interpretation und Wirksamkeit von Gruppenworkshops und Einzelcoachings, Bamberg, 2011.

Rodler, Christa/Kirchler, Erich: Führung in Organisationen, 1., Auflage, Wien, 2002.

Rost, Joseph: Leadership for the Twenty-first Century, 2., Auflage, Westport, 1993.

Rowold, Jens/Heinitz, Kathrin: Führungsstile als Stressbarrieren - Zum Zusammenhang zwischen transformationaler, mitarbeiter- und aufgabenorientierter Führung und Indikatoren von Stress bei Mitarbeitern, In: Zeitschrift für Personalpsychologie, Heft 7/3, 2008, S. 129–140.

Schwetz, Herbert/Benischek, Isabella/Mallaun, Josef/Krammer, Georg/Straßegger-Einfalt, Renate/Swoboda, Birgit: Einführung in das quantitativ orientierte Forschen und erste Analysen mit SPSS 19, 3., überarbeitete Auflage, Wien, 2013.

Silverthorne, Colin: Leadersip effectivness and personality - a cross cultural evaluation, In: Personality and Individual Differences, Heft 30, 2001, S. 303–309.

Steinle, Claus/Eichenberg, Timm/Stolberg, Max: „Full Range Leadership"-Modell: Kritische Würdigung und Anregungen zur Weiterentwicklung, In: Zeitrschrift für Management, Heft 3/2, 2008, S. 101–124.

Holstad, Torsten: Prozedurale Fairness als Mediator zwischen transformationaler Führung und psychischer Beanspruchung am Arbeitsplatz: Eine Mehrebenenstudie, In: Zeitschrift für Arbeits- und Organisationspsychologie, Heft 57, 2013, S. 163–171.

Turner, Nick/Barling, Julian/Epitropaki, Olga/Butcher, Viki/ Milner, Caroline: Transformational leadership and moral reasoning, In: Journal of Applied Psychology, Heft 87/2, 2002, S. 304–311.

Weber, Max: Wirtschaft Und Gesellschaft - Grundriss Der Verstehenden Soziologie, Tübingen, 2002.

Weinert, Ansfried: Organisations- und Personalpsychologie, 5., vollständig, überarbeitete Auflage, Weinheim, 2004.

Wunderer, Rolf/Dick, Petra: Personalmanagement - Quo Vadis? Analysen und Entwicklungstrends bis 2010, 5., veränderte Auflage, Köln, 2007.

Yukl, Gary: Leadership in Organizations, 5., Auflage, London, 2002.

Yukl, Gary: An evaluation of conceptual weakness in transformational and charismatic leadership theories, In: Leadership Quarterly, Heft 10, 1999, S. 285–305.

Yukl, Gary/Bruce, Tracey: Consequences of influence tactics used with subordinates, peers, and the boss, In: Journal of Applied Psychology, Heft 77, 1992, S. 525–535.

Yukl, Gary Falbe, Cecilia: Importance of different power sources in downward and lateral relations, In: Journal of Applied Psychologie, Heft 76, 1991, S.416–423.

Yukl, Gary/Kim, Helen/Falbe, Cecilia: Antecedents of influence outcomes, In: Journal of Applied Psychology, Heft 81, 1996, S. 309–317.

TABELLENVERZEICHNIS

ABBILDUNGSVERZEICHNIS

ABKÜRZUNGSVERZEICHNIS

FK	Führungskraft
KMU	Klein-und Mittelständisches Unternehmen
MLQ	Multifactor Leadership Questionaire
TF	Transformationale Führung

ANHANG A

A1 -1: Pretest: E-Mail sowie Web Link

A2 -1: E-Mail via Surveymonkey

A2 -2:E-Mail mit Weblink an unterschiedlichste Führungskräfte in Vorarlberg sowie Weiterleitung im Unternehmen der Autorin

A2-3: Einleitungstext an Führungskräfte

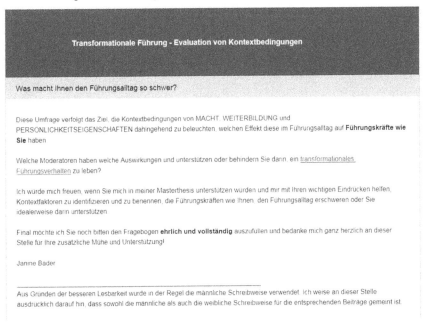

Transformationale Führung - Evaluation von Kontextbedingungen

Was macht Ihnen den Führungsalltag so schwer?

Diese Umfrage verfolgt das Ziel, die Kontextbedingungen von MACHT, WEITERBILDUNG und PERSÖNLICHKEITSEIGENSCHAFTEN dahingehend zu beleuchten, welchen Effekt diese im Führungsalltag auf **Führungskräfte wie Sie** haben.

Welche Moderatoren haben welche Auswirkungen und unterstützen oder behindern Sie darin, ein transformationales Führungsverhalten zu leben?

Ich würde mich freuen, wenn Sie mich in meiner Masterthesis unterstützen würden und mir mit Ihren wichtigen Eindrücken helfen, Kontextfaktoren zu identifizieren und zu benennen, die Führungskräften wie Ihnen, den Führungsalltag erschweren oder Sie idealerweise darin unterstützen.

Final möchte ich Sie noch bitten den Fragebogen **ehrlich und vollständig** auszufüllen und bedanke mich ganz herzlich an dieser Stelle für Ihre zusätzliche Mühe und Unterstützung!

Janine Bader

Aus Gründen der besseren Lesbarkeit wurde in der Regel die männliche Schreibweise verwendet. Ich weise an dieser Stelle ausdrücklich darauf hin, dass sowohl die männliche als auch die weibliche Schreibweise für die entsprechenden Beiträge gemeint ist.

A3-1: Statistische Auswertungen der Umfragebeteiligung @ Surveymonekey /
Teilnahmen via System (Adressenliste bekannt)

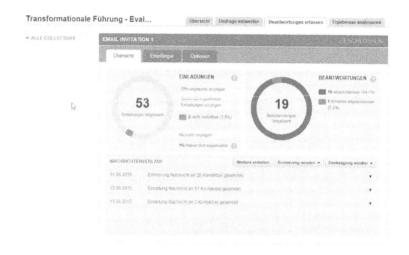

A3-2: Statistische Auswertungen der Umfragebeteiligung @ Surveymonekey /
Teilnahmen gesamt

* 1. Wie alt sind Sie?

○ Unter 20

○ 21-30

○ 31-40

○ 41-50

○ 51-60

○ Über 60

* 2. Sind Sie männlich oder weiblich?

Von SurveyMonkey zertifiziert

○ Männlich

○ Weiblich

* 3. Was ist der höchste Bildungsgrad, den Sie bisher erlangt haben?

○ Hauptschulabschluss

○ berufsbildende höhere Schule

○ Matura / Abitur

○ Bachelor

○ Master bzw. Magister

○ Diplom

○ Promotion

○ Sonstige

* 4. Was ist die höchste berufliche Ausbildung, die Sie bisher erlangt haben?

○ Lehre / Ausbildung

○ Meisterprüfung

○ Studium an einer Fachakademie o. Ä.

○ Fachhochschulabschluss

○ Universitätsabschluss

○ Sonstige

* 5. Sind Sie Führungskraft?

○ Ja

○ Nein

* 6. Wieviele Mitarbeiter sind Ihnen direkt unterstellt?

- ⚪ 01-03
- ⚪ 04-10
- ⚪ 11-20
- ⚪ 21-30
- ⚪ über 30

* 7. In welcher Hierarchiestufe befinden Sie sich in Ihrem Unternehmen?

- ⚪ mittleres Management
- ⚪ Topmanagement (oberste Führungsebene)
- ⚪ Geschäftsführung
- ⚪ Inhaber
- ⚪ Vorstand

* 8. In welchem Bereich sind Sie tätig?

- ☐ Non Profit Organisation
- ☐ Öffentliche / staatliche Institution
- ☐ Klein- und Mittelständisches Unternehmen
- ☐ Großunternehmen / Konzern

9. Wieviel Mitarbeiter sind in Ihrem Unternehmen beschäftigt?

○ bis 10

○ 11 - 50

○ 51 - 250

○ 251 - 500

○ 501 - 5.000

○ 5.001 - 20.000

○ über 20.000

* 10. In welchem Land arbeiten Sie?

○ Österreich / Vorarlberg

○ Österreich / andere Bundesländer

○ Deutschland

○ Schweiz

○ Fürstentum Liechtenstein

○ Sonstige

Auf den folgenden Seiten finden Sie eine Reihe von Aussagen einer Selbstbeschreibung. Lesen Sie bitte jeden dieser Sätze durch und überlegen Sie, ob dieser auf Sie zutrifft oder nicht

Bitte kreuzen Sie die **Aussage** an, die **am ehesten auf Sie zutrifft.**

* 11. Extraversion

	trifft nicht zu	trifft eher nicht zu	trifft überwiegend zu	trifft zu
Ich bin gesellig und suche aktiv den Kontakt zu meinen Mitarbeitern	○	○	○	○
Mir ist es wichtig, dass es meinen Mitarbeitern gut geht und bin interessiert an ihrem Wohlbefinden	○	○	○	○
Ich bin stets offen für Anregungen meiner Mitarbeiter	○	○	○	○
Ich gehe aktiv und voller Tatendrang neue Aufgaben an	○	○	○	○
Ich suche gerne das Gespräch zu meinen Mitarbeitern	○	○	○	○

* 12. Neurotrizismus

	trifft nicht zu	trifft eher nicht zu	trifft überwiegend zu	trifft zu
Ich bleibe in Situationen unter **Zeitdruck** ruhig und gelassen	○	○	○	○
In Situationen der **fachlichen** Unsicherheit bleibe ich ruhig und gelassen	○	○	○	○
Ich begegne **unangenehmen Situationen** selbstsicher und löse diese souverän	○	○	○	○
Meine Mitarbeiter erhalten von mir **klare Anweisungen und Antworten** auf ihre Fragen	○	○	○	○
Ich fühle mich den täglichen Herausforderungen im **Arbeitsalltag** gewachsen	○	○	○	○
Ich fühle mich den täglichen Herausforderungen im **Führungsalltag** gewachsen	○	○	○	○

117

* 13. Charisma

	trifft nicht zu	trifft eher nicht zu	trifft überwiegend zu	trifft zu
Ich bin für meine Mitarbeiter so wichtig, dass sie den Kontakt zu mir suchen / pflegen	○	○	○	○
Ich vermag andere durch meine Persönlichkeit zu beeindrucken und zu faszinieren	○	○	○	○
Ich verstehe es, meine Mitarbeiter immer wieder zu begeistern	○	○	○	○
Ich verfüge über Fähigkeiten und Eigenschaften die andere bewundern	○	○	○	○

Weiterbildung

* 14. Weiterbildung

	trifft nicht zu	trifft eher nicht zu	trifft überwiegend zu	trifft zu
Es ist mir wichtig, mich fortlaufend weiterzubilden	○	○	○	○
Ich besuche regelmäßig Seminare und Kurse zum Thema **Persönlichkeitsentwicklung**	○	○	○	○
Ich besuche regelmäßig **fachspezifische** Seminare meines Arbeitsbereiches	○	○	○	○
In meinem Unternehmen müssen Führungskräfte spezielle Führungskräftetrainings absolvieren	○	○	○	○

* 15. Häufigkeit

	0	1-3	4-6	7 und mehr
Ich nehme an Fortbildungen zum Thema Persönlichkeitsentwicklung Teil (Seminare pro Jahr)	○	○	○	○
Ich habe Coachinggespräche zu Führungskräftethemen (Seminare pro Jahr)	○	○	○	○

* 16. Tools

	trifft nicht zu	trifft eher nicht zu	trifft überwiegend zu	trifft zu
Es ist mir wichtig mein Wissen und meine Fähigkeiten mit meinen Mitarbeitern zu teilen, damit diese sich weiterentwickeln können	○	○	○	○
Meine Werte und Einstellungen werden von meinen Mitarbeitern als vorbildlich wahrgenommen	○	○	○	○
Ohne mein Fachwissen, wären meine Mitarbeiter nicht in der Lage, ihre Arbeit vollumfänglich zu erledigen	○	○	○	○
Ich behalte gerne mein Fachwissen für mich, da mir dies strategische Vorteile verschafft	○	○	○	○

* 17. Tools

	trifft nicht zu	trifft eher nicht zu	trifft überwiegend zu	trifft zu
Ich **kontrolliere** meine Mitarbeiter um mich zu vergewissern, dass deren Arbeit nach meinen Wünschen erledigt wird	○	○	○	○
Ich übe **"Druck"** auf meine Mitarbeiter aus, damit diese ihre Arbeit erledigen	○	○	○	○
Durch ständiges **Nachfragen** erreiche ich, dass meine Interessen wahrgenommen werden	○	○	○	○

* 18. Tools

	trifft nicht zu	trifft eher nicht zu	trifft überwiegend zu	trifft zu
Ich spreche mit meinen Mitarbeitern über meine wichtigsten Überzeugungen und Werte	○	○	○	○
Ich spreche mit Begeisterung über das, was erreicht werden soll	○	○	○	○
Ich formuliere überzeugende Zukunftsvisionen	○	○	○	○

Sind Sie aktuell zufrieden mit der Situation in Ihrem Unternehmen wie Sie als Führungskraft unterstützt und gefördert werden?

Finden Sie in folgenden Aussagen (Mehrfachnennungen möglich) Faktoren, die Sie in Ihrem Führungsalltag unterstützen würden?

* **19. Mich würde unterstützen wenn...**

☐ mein Unternehmen mich durch **Seminare, Trainings oder Coachings** fördern würde

☐ die vorherrschende **Unternehmenskultur** eine wertschätzende und ethisch korrekte Mitarbeiterführung fördern würde

☐ mein Vorgesetzter mir gegenüber eine **wertschätzende und ethisch korrekte** Mitarbeiterführung vorleben würde

☐ **Rangkämpfe** nicht an der Tagesordnung stehen würden

☐ ich wüsste, wie ich jeden meiner Mitarbeiter **individuell** ansprechen und **motivieren** könnte

☐ ich Sicherheit bezüglich meines Arbeitsplatzes / hierarchischen Position verspüren würde

☐ ich bin aktuell zufrieden mit der Situation in meinem Unternehmen

☐ Sonstiges (bitte angeben)

_____

B-1 Auswertungen

B1-1: Explorative Datenanalyse

Tabelle 14: Korrelationsanalyse nach Pearson zwischen der Skala Charisma sowie den Kontextfaktoren der Untersuchung (Quelle: eigene Darstellung)

Korrelationsanalyse nach Pearson	transformationale Führungskräfte	Neurotizismus	Persönlichkeit	Weiterbildung	Identifikationsmacht	Expertenmacht	druckmachen	rationalesÜberzeugen	MachtGesamt
Charisma	1	,257*	,369**	,125	,290**	,211	-,028	,449**	,398**

**. Die Korrelation ist auf dem Niveau von 0,01 (2-seitig) signifikant.
*. Die Korrelation ist auf dem Niveau von 0,05 (2-seitig) signifikant.

Tabelle 15: Korrelationsmatrix nach Pearson zwischen der Skala TF sowie Kontextfaktoren die FK im Führungsalltag unterstützen

Korrelationsanalyse nach Pearson		Transformationale Führung	mein Unternehmen mich durch Seminare, Trainings	die vorherrschende Unternehmenskultur	mein Vorgesetzter mit gegenüber eine wertschätzende und	Rangkämpfe nicht an der Tagesordnung stehen würden	ich wüsste, wie ich jeden meiner Mitarbeiter individuell	ich Sicherheit bezüglich meines Arbeitplatzes /	ich bin aktuell zufrieden mit der Situation in meinem
transformationale Führungskräfte	Korrelation n.P.	1	-,016	,024	,192	,218*	,078	-,067	,163
	Signifikanz (2-seitig)		,880	,824	,076	,044	,478	,540	,134
mein Unternehmen mich durch	Korrelation n.P.	-,035	1	,394**	,397**	,312**	,275*	,139	-,244*
Seminare, Trainings oder Coachings	Signifikanz (2-seitig)	,750		,000	,000	,003	,010	,202	,024
die vorherrschende	Korrelation n.P.	,026	,394**	1	,576**	,552**	,091	,172	-,417**
Unternehmenskultur eine	Signifikanz (2-seitig)	,814	,000		,000	,000	,406	,113	,000
mein Vorgesetzter mit gegenüber eine	Korrelation n.P.	,090	,397**	,576**	1	,620**	,271*	,295**	-,324**
wertschätzende und ethisch korrekte	Signifikanz (2-seitig)	,410	,000	,000		,000	,012	,006	,002
Rangkämpfe nicht an der	Korrelation n.P.	,143	,312**	,552**	,620**	1	,165	,308**	-,231*
Tagesordung stehen würden	Signifikanz (2-seitig)	,190	,003	,000	,000		,129	,004	,032
ich wüsste, wie ich jeden meiner	Korrelation n.P.	-,125	,275*	,091	,271*	,165	1	,261*	-,057
Mitarbeiter individuell ansprechen und	Signifikanz (2-seitig)	,251	,010	,406	,012	,129		,015	,601
ich Sicherheit bezüglich meines	Korrelation n.P.	-,246*	,139	,172	,295**	,308**	,261*	1	-,023
Arbeitplatzes / hieratchischen Position	Signifikanz (2-seitig)	,022	,202	,113	,006	,004	,015		,833
ich bin aktuell zufrieden mit der	Korrelation n.P.	,071	-,244*	-,417**	-,324**	-,231*	-,057	-,023	1
Situation in meinem Unternehmen	Signifikanz (2-seitig)	,517	,024	,000	,002	,032	,601	,833	

*. Die Korrelation ist auf dem Niveau von 0,05 (2-seitig) signifikant.
**. Die Korrelation ist auf dem Niveau von 0,01 (2-seitig) signifikant.

Tabelle 16: Korrelationsmatrix nach Person zwischen der Skala TF sowie dem Kontextfaktor Weiterbildung und Häufigkeit

WEITERBILDUNG		Transformationale Führung	TF1_Weiterbildung	Es ist mir wichtig, mich fortlaufend weiterzubilden	Ich besuche regelmäßig Seminare und Kurse zum Thema Persönlichkeitsentwicklung	Ich besuche regelmäßig fachspezifische Seminare meines Arbeitsbereiches	In meinem Unternehmen müssen Führungskräfte spezielle Führungskräftetrainings absolvieren	Ich nehme an Fortbildungen zum Thema Persönlichkeitsentwicklung teil (Seminare pro Jahr)	Ich habe Coachinggespräche zu Führungskräftethemen (Seminare pro Jahr)
Transformationale Führung	Korrelation n.P.	1	,039	-,012	,002	,040	-,011	,062	,042
	Signifikanz (2-seitig)		,722	,913	,985	,712	,920	,573	,700
TF1_Weiterbildung	Korrelation n.P.	,039	1	,568**	,814**	,600**	,299**	,643**	,541**
	Signifikanz (2-seitig)	,722		,000	,000	,000	,005	,000	,000
Es ist mir wichtig, mich fortlaufend weiterzubilden	Korrelation n.P.	-,012	,568**	1	,283**	,357**	-,069	,076	,102
	Signifikanz (2-seitig)	,913	,000		,008	,001	,530	,484	,349
Ich besuche regelmäßig Seminare und Kurse zum Thema Persönlichkeitsentwicklung	Korrelation n.P.	,002	,814**	,283**	1	,276*	,277**	,647**	,329**
	Signifikanz (2-seitig)	,985	,000	,008		,010	,010	,000	,002
Ich besuche regelmäßig fachspezifische Seminare meines Arbeitsbereiches	Korrelation n.P.	,040	,600**	,357**	,276*	1	,115	,078	,038
	Signifikanz (2-seitig)	,712	,000	,001	,010		,292	,477	,728
In meinem Unternehmen müssen Führungskräfte spezielle Führungskräftetrainings	Korrelation n.P.	-,011	,299**	-,069	,277**	,115	1	,263*	,375**
	Signifikanz (2-seitig)	,920	,005	,530	,010	,292		,014	,000
Ich nehme an Fortbildungen zum Thema Persönlichkeitsentwicklung teil (Seminare pro	Korrelation n.P.	,062	,643**	,076	,647**	,078	,263*	1	,368**
	Signifikanz (2-seitig)	,573	,000	,484	,000	,477	,014		,000
Ich habe Coachinggespräche zu Führungskräftethemen (Seminare pro Jahr)	Korrelation n.P.	,042	,541**	,102	,329**	,038	,375**	,368**	1
	Signifikanz (2-seitig)	,700	,000	,349	,002	,728	,000	,000	

**. Die Korrelation ist auf dem Niveau von 0,01 (2-seitig) signifikant.

*. Die Korrelation ist auf dem Niveau von 0,05 (2-seitig) signifikant.

B2 – Skalen & Items

B2-1: Demografische Faktoren

Tabelle 17: Soziodemografische Merkmale der Stichprobe / Kategorisierung in transformational - nein/ja

Wieviele Mitarbeiter sind in Ihrem Unternehmen beschäftigt? * Transformational im weiteren Sinn: Carisma "alle 4 Items" & Macht (a,h,i,j) mit trifft zu & trifft überwiegend zu Kreuztabelle

			Transformational im weiteren Sinn: Carisma "alle 4 Items" & Macht (a,h,i,j) mit trifft zu & trifft überwiegend zu		Gesamt
			nein	ja	
Wieviele Mitarbeiter sind in Ihrem Unternehmen beschäftigt?	bis 10	Anzahl	2	7	9
			2,3%	8,1%	10,5%
	11-50	Anzahl	2	2	4
			2,3%	2,3%	4,7%
	51-250	Anzahl	1	2	3
			1,2%	2,3%	3,5%
	251-500	Anzahl	1	2	3
			1,2%	2,3%	3,5%
	501-5000	Anzahl	24	24	48
			27,9%	27,9%	55,8%
	5001-20000	Anzahl	10	9	19
			11,6%	10,5%	22,1%
Gesamt		Anzahl	40	46	86
			46,5%	53,5%	100,0%

Wie alt sind Sie? * Transformational im weiteren Sinn: Carisma "alle 4 Items" & Macht (a,h,i,j) mit trifft zu & trifft überwiegend zu Kreuztabelle

			Transformational im weiteren Sinn: Carisma "alle 4 Items" & Macht (a,h,i,j) mit trifft zu & trifft überwiegend zu		Gesamt
			nein	ja	
Wie alt sind Sie?	21-30	Anzahl	3	4	7
			3,49%	4,65%	8,10%
	31-40	Anzahl	16	17	33
			18,60%	19,77%	38,40%
	41-50	Anzahl	16	19	35
			18,60%	22,09%	40,70%
	51-60	Anzahl	4	6	10
			4,65%	6,98%	11,60%
	Über 60	Anzahl	1	0	1
			1,16%	0,00%	1,20%
Gesamt		Anzahl	40	46	86
			46,51%	53,49%	100,00%

123

Sind Sie männlich oder weiblich? * Transformational im weiteren Sinn: Carisma "alle 4 Items" & Macht (a,h,i,j) mit trifft zu & trifft überwiegend zu Kreuztabelle

			Transformational im weiteren Sinn: Carisma "alle 4 Items" & Macht (a,h,i,j) mit trifft zu & trifft überwiegend zu		Gesamt
			nein	ja	
Sind Sie männlich oder weiblich?	männlich	Anzahl	33	34	67
			38,37%	39,53%	77,91%
	weiblich	Anzahl	7	12	19
			8,14%	13,95%	22,09%
Gesamt		Anzahl	40	46	86
			46,51%	53,49%	100,00%

Was ist der höchte Bildungsgrad, den Sie bisher erlangt haben? * Transformational im weiteren Sinn: Carisma "alle 4 Items" & Macht (a,h,i,j) mit trifft zu & trifft überwiegend zu Kreuztabelle

			Transformational im weiteren Sinn: Carisma "alle 4 Items" & Macht (a,h,i,j) mit trifft zu & trifft überwiegend zu		Gesamt
			nein	ja	
Was ist der höchste Bildungsgrad, den Sie bisher erlangt haben?	Hauptschulabschluss	Anzahl	8	3	11
			9,3%	3,5%	12,80%
	berufsbildende höhere Schule	Anzahl	4	14	18
			4,7%	16,3%	20,90%
	Matura/Abitur	Anzahl	6	9	15
			7,0%	10,5%	17,40%
	Bachelor	Anzahl	4	1	5
			4,7%	1,2%	5,80%
	Master bzw. Magister	Anzahl	10	12	22
			11,6%	14,0%	25,60%
	Diplom	Anzahl	6	5	11
			7,0%	5,8%	12,80%
	Promotion	Anzahl	1	2	3
			1,2%	2,3%	3,50%
	Sonstige	Anzahl	1	0	1
			1,2%	0,0%	1,20%
Gesamt		Anzahl	40	46	86
			46,5%	53,5%	100,00%

Was ist die höchste berufliche Ausbildung, die sie bisher erlangt haben? * Transformational im weiteren Sinn: Carisma "alle 4 Items" & Macht (a,h,i,j) mit trifft zu & trifft überwiegend zu Kreuztabelle

			Transformational im weiteren Sinn: Carisma "alle 4 Items" & Macht (a,h,i,j) mit trifft zu & trifft überwiegend zu		Gesamt
			nein	ja	
Was ist die höchste berufliche Ausbildung, die Sie bisher erlangt haben?	Lehre/Ausbildung	Anzahl	8	10	18
			9,30%	11,63%	20,93%
	Meisterprüfung	Anzahl	5	5	10
			5,81%	5,81%	11,63%
	Studium an einer Fachakademie o. Ä.	Anzahl	2	5	7
			2,33%	5,81%	8,14%
	Fachholschulabschluss	Anzahl	11	8	19
			12,79%	9,30%	22,09%
	Universitätsabschluss	Anzahl	9	9	18
			10,47%	10,47%	20,93%
	Sonstige	Anzahl	5	9	14
			5,81%	10,47%	16,28%
Gesamt		Anzahl	40	46	86
			46,51%	53,49%	100,00%

In welcher Hierarchiestufe befinden Sie sich in Ihrem Unternehmen? * Transformational im weiteren Sinn: Carisma "alle 4 Items" & Macht (a,h,i,j) mit trifft zu & trifft überwiegend zu Kreuztabelle

			Transformational im weiteren Sinn: Carisma "alle 4 Items" & Macht (a,h,i,j) mit trifft zu & trifft überwiegend zu		Gesamt
			nein	ja	
In welcher Hierarchiestufe befinden Sie sich in Ihrem Unternehmen?	mittleres Management	Anzahl	33	30	63
			38,37%	34,88%	73,26%
	Topmanagement (oberste Führungsebene)	Anzahl	4	6	10
			4,65%	6,98%	11,63%
	Geschäftsführung	Anzahl	3	5	8
			3,49%	5,81%	9,30%
	Inhaber	Anzahl	0	5	5
			0,00%	5,81%	5,81%
	Vorstand	Anzahl	0	0	0
			0,00%	0,00%	0,00%
Gesamt		Anzahl	40	46	86
			46,51%	53,49%	100,00%

In welchem Bereich sind Sie tätig? * Transformational im weiteren Sinn: Carisma "alle 4 Items" & Macht (a,h,i,j) mit trifft zu & trifft überwiegend zu Kreuztabelle

			Transformational im weiteren Sinn: Carisma "alle 4 Items" & Macht (a,h,i,j) mit trifft zu & trifft überwiegend zu		Gesamt
			nein	ja	
In welchem Bereich sind Sie tätig?	Klein- und Mittelständisches Unternehmen	Anzahl	9	17	26
			10,47%	19,77%	30,23%
	Großunternehmen/ Konzern	Anzahl	31	29	60
			36,05%	33,72%	69,77%
Gesamt		Anzahl	40	46	86
			46,51%	53,49%	100,00%

B2-2: T-Test bei unabhängigen Stichproben

Tabelle 18: T-Test bei unabhängigen Stichproben / Neurotizismus

Gruppenstatistiken

Percentile Group of TF_Mittelwert		N	Mittelwert	Standardabweichung	Standardfehler des Mittelwertes
TF_Neurotrizismus	1	49	2,24	0,36	0,05
	2	37	2,32	0,30	0,05

Test bei unabhängigen Stichproben

		Varianzgleichheit		T-Test für die Mittelwertgleichheit						
									95%	
		F	Signifikanz	T	df	Sig. (2-seitig)	Mittlere Differenz	Standardfehler der Differenz	Untere	Obere
TF_Neurotrizismus	Varianzen sind gleich	,239	,626	-1,084	84	,281	-,07943	,07325	-,22510	,06625
	Varianzen sind nicht gleich			-1,110	82,810	,270	-,07943	,07159	-,22181	,06296

Tabelle 19: T-Test bei unabhängigen Stichproben Extraversion

Gruppenstatistiken					
Percentile Group of TF_Mittelwert		N	Mittelwert	Standar dabwei chung	Standardfeh ler des Mittelwertes
TF_Extraversion	1	49	2,4490	,39693	,05670
	2	37	2,6108	,28653	,04711

Test bei unabhängigen Stichproben										
		Varianzgleichheit		T-Test für die Mittelwertgleichheit						
									95% ler der Differenz	
		F	Signifikanz	T	df	Sig. (2-seitig)	Mittlere Differenz		Untere	Obere
TF_Extraversion	Varianzen sind gleich	1,354	,248	-2,100	84	,03874	-,16183	,07707	-,31509	-,00857
	Varianzen sind nicht gleich			-2,195	83,860	,031	-,16183	,07372	-,30843	-,01523

B2-3: Transformationale Führung

Tabelle 20: Reliabilitätsanalyse Persönlichkeit/ Neurotizismus/ Extraversion/ Charisma/ Weiterbildung/ Macht Gesamt/ Expertenmacht/ Identifikationsmacht/ rationales Überzeugen/ druck machen - vor Ausschluss von Faktoren

Item-Skala-Statistiken

PERSÖNLICHKEIT	Skalenmittel wert, wenn Item weggelassen	Skalenvarianz , wenn Item weggelassen	Korrigierte Item-Skala- Korrelation	Cronbachs Alpha, wenn Item weggelassen
Ich bin gesellig und suche aktiv den Kontakt zu meinen Mitarbeitern.	23,9767	8,447	,434	,702
Mir ist es wichtig, dass es meinen Mitarbeitern gut geht und bin interessiert an ihrem Wohlbefinden	23,5233	9,029	,369	,712
Ich bin stets offen für Anregungen meiner Mitarbeiter	23,6628	9,450	,216	,733
Ich gehe aktiv und voller Tatendrang neue Aufgaben an	23,8605	8,851	,361	,713
Ich suche gerne das Gespräch zu meinen Mitarbeitern	23,7209	8,721	,488	,696
Ich bleibe in Situationen unter Zeitdruck ruhig und gelassen	24,1744	9,157	,252	,730
In Situationen der fachlichen Unsicherheit bleibe ich ruhig und gelassen	24,1163	9,186	,292	,723
Ich begegne unangenehmen Situationen selbstsicher und löse diese souverän	24,2791	8,792	,417	,705
Meine Mitarbeiter erhalten von mir klare Aweisungen und Antworten auf ihre Fragen	23,8837	8,810	,419	,705
Ich fühle mich den täglichen Herausforderungen im Arbeitsalltag gewachsen	23,6047	9,042	,404	,708
Ich fühle mich den täglichen Herausforderungen im Führungsalltag gewachsen	23,8721	8,583	,518	,691

Item-Skala-Statistiken

NEUROTRIZISMUS	Skalenmittelwert, wenn Item weggelassen	Skalenvarianz, wenn Item weggelassen	Korrigierte Item-Skala-Korrelation	Cronbachs Alpha, wenn Item weggelassen
Ich bleibe in Situationen unter Zeitdruck ruhig und gelassen	11,5814	3,164	0,236	0,664
In Situationen der fachlichen Unsicherheit bleibe ich ruhig und gelassen	11,5233	2,958	0,415	0,592
Ich begegne unangenehmen Situationen selbstsicher und löse diese souverän	11,686	2,971	0,408	0,595
Meine Mitarbeiter erhalten von mir klare Aweisungen und Antworten auf ihre Fragen	11,2907	3,056	0,368	0,61
Ich fühle mich den täglichen Herausforderungen im Arbeitsalltag gewachsen	11,0116	3,235	0,332	0,622
Ich fühle mich den täglichen Herausforderungen im Führungsalltag gewachsen	11,2791	2,815	0,542	0,546

Item-Skala-Statistiken

EXTRAVERSION	Skalenmittelwert, wenn Item weggelassen	Skalenvarianz, wenn Item weggelassen	Korrigierte Item-Skala-Korrelation	Cronbachs Alpha, wenn Item weggelassen
Mir ist es wichtig, dass es meinen Mitarbeitern gut geht und bin interessiert an ihrem Wohlbefinden	9,85	2,318	,399	,546
Ich bin stets offen für Anregungen meiner Mitarbeiter	9,99	2,412	,306	,591
Ich gehe aktiv und voller Tatendrang neue Aufgaben an	10,19	2,247	,359	,566
Ich suche gerne das Gespräch zu meinen Mitarbeitern	10,05	2,304	,426	,534
Ich bin gesellig und suche aktiv den Kontakt zu meinen Mitarbeitern.	10,30	2,143	,365	,565

Item-Skala-Statistiken

CHARISMA	Skalenmittelwert, wenn Item weggelassen	Skalenvarianz, wenn Item weggelassen	Korrigierte Item-Skala-Korrelation	Cronbachs Alpha, wenn Item weggelassen
Ich bin für meine Mitarbeiter so wichtig, dass sie den Kontakt zu mir suchen/pflegen	6,1512	1,965	0,411	0,725
Ich vermag andere durch meine Persönlichkeit zu beeindrucken und zu faszinieren	6,2791	1,639	0,606	0,61
Ich verstehe es, meine Mitarbeiter immer wieder zu begeistern	6,2791	1,756	0,58	0,63
Ich verfüge über Fähigkeiten und Eigenschaften die andere bewundern	6,3023	1,837	0,478	0,689

Item-Skala-Statistiken

WEITERBILDUNG	Skalenmittel wert, wenn Item weggelassen	Skalenvarianz , wenn Item weggelassen	Korrigierte Item-Skala-Korrelation	Cronbachs Alpha, wenn Item weggelassen
Es ist mir wichtig, mich fortlaufend weiterzubilden	6,1977	7,431	0,219	0,62
Ich besuche regelmäßig Seminare und Kurse zum Thema Persönlichkeitsentwicklung	7,1279	5,383	0,578	0,472
Ich besuche regelmäßig fachspezifische Seminare meines Arbeitsbereiches	6,8953	6,73	0,268	0,61
In meinem Unternehmen müssen Führungskräfte spezielle Führungskräftetrainings absolvieren	6,7326	5,61	0,299	0,627
Ich nehme an Fortbildungen zum Thema Persönlichkeitsentwicklung teil (Seminare pro Jahr)	7,8953	6,918	0,482	0,551
Ich habe Coachinggespräche zu Führungskräftethemen (Seminare pro Jahr)	7,9419	6,808	0,403	0,564

Item-Skala-Statistiken

MACHT GESAMT	Skalenmittel wert, wenn Item weggelassen	Skalenvarianz , wenn Item weggelassen	Korrigierte Item-Skala-Korrelation	Cronbachs Alpha, wenn Item weggelassen
Ohne mein Fachwissen wären meine Mitarbeiter nicht in der Lage, ihre Arbeit vollumfänglich zu erledigen	14,593	5,279	0,116	0,348
Ich behalte gerne mein Fachwissen für mich, da mir dies strategische Vorteile verschafft	15,7558	6,375	-0,003	0,373
Es ist mir wichtig mein Wissen und meine Fähigkeiten mit meinen Mitarbeitern zu teilen, damit diese sich weiterentwickeln können	13,186	6,106	0,086	0,35
Meine Werte und Einstellungen werden von meinen Mitarbeitern als vorbildlich wahrgenommen	13,593	6,268	0,021	0,369
Ich kontrolliere meine Mitarbeiter um mich zu vergewissern, dass deren Arbeit nach meinen Wünschen erledigt wird	14,6163	4,922	0,327	0,235
Ich übe "Druck" auf meine Mitarbeiter aus, damit diese ihre Arbeit erledigen	15,1279	5,501	0,251	0,288
Durch ständiges Nachfragen erreiche ich, dass meine Interessen wahrgenommen werden	14,7907	5,297	0,106	0,354
Ich spreche mit meinen Mitarbeitern über meine wichtigsten Überzeugungen und Werte	13,7442	6,122	0,001	0,387
Ich spreche mit Begeisterung über das, über das was erreicht werden soll	13,5233	5,476	0,245	0,289
Ich formuliere überzeugende Zukunftsvisionen	14,0233	5,505	0,177	0,314

Item-Skala-Statistiken

EXPERTENMACHT	Skalenmittel wert, wenn Item weggelassen	Skalenvarianz , wenn Item weggelassen	Korrigierte Item-Skala-Korrelation	Cronbachs Alpha, wenn Item weggelassen
Ohne mein Fachwissen wären meine Mitarbeiter nicht in der Lage, ihre Arbeit vollumfänglich zu erledigen	0,1279	0,183	0,209	
Ich behalte gerne mein Fachwissen für mich, da mir dies strategische Vorteile verschafft	1,2907	0,797	0,209	

Item-Skala-Statistiken

IDENTIFIKATIONSMACHT	Skalenmittelwert, wenn Item weggelassen	Skalenvarianz, wenn Item weggelassen	Korrigierte Item-Skala-Korrelation	Cronbachs Alpha, wenn Item weggelassen
Es ist mir wichtig mein Wissen und meine Fähigkeiten mit meinen Mitarbeitern zu teilen, damit diese sich weiterentwickeln können	2,2907	0,232	0,028	.
Meine Werte und Einstellungen werden von meinen Mitarbeitern als vorbildlich wahrgenommen	2,6977	0,237	0,028	.

Item-Skala-Statistiken

RATIONALES ÜBERZEUGEN	Skalenmittelwert, wenn Item weggelassen	Skalenvarianz, wenn Item weggelassen	Korrigierte Item-Skala-Korrelation	Cronbachs Alpha, wenn Item weggelassen
Ich spreche mit meinen Mitarbeitern über meine wichtigsten Überzeugungen und Werte	4,2209	1,280	,228	,674
Ich spreche mit Begeisterung über das, über das was erreicht werden soll	4,0000	1,106	,439	,369
Ich formuliere überzeugende Zukunftsvisionen	4,5000	,935	,477	,286

Item-Skala-Statistiken

DRUCK MACHEN	Skalenmittelwert, wenn Item weggelassen	Skalenvarianz, wenn Item weggelassen	Korrigierte Item-Skala-Korrelation	Cronbachs Alpha, wenn Item weggelassen
Ich kontrolliere meine Mitarbeiter um mich zu vergewissern, dass deren Arbeit nach meinen Wünschen erledigt wird	1,8488	1,683	0,519	0,614
Ich übe "Druck" auf meine Mitarbeiter aus, damit diese ihre Arbeit erledigen	2,3605	1,951	0,562	0,600
Durch ständiges Nachfragen erreiche ich, dass meine Interessen wahrgenommen werden	2,0233	1,317	0,532	0,629

CPSIA information can be obtained
at www.ICGtesting.com
Printed in the USA
BVHW031119280219
541429BV00002B/343/P